EDITORIAL
Carisma

Belleza
en lugar
de *Ceniza*

Reciba sanidad emocional

J o y c e   M e y e r

Publicado por
Editorial **Carisma**
Miami, Fl. 33172
Derechos reservados

Primera edición 1998

© 1994 por Joyce Meyer
Life In the Word, Inc.
P.O. Box 655 Fenton, Missouri 63026
Originalmente publicado en inglés con el título:
Beauty for Ashes — Receiving Emotional Healing por Harrison House, Inc.
Tulsa, Oklahoma

Traducido al español por: Mónica Goldemberg

Citas bíblicas tomadas de la Santa Biblia, revisión 1960
© Sociedades Bíblicas Unidas
Otras citas marcadas B.d.l.A. "Biblia de las Américas"
Usadas con permiso.

Producto 550099
ISBN 0-7899-0384-9
Impreso en Colombia
Printed in Colombia

Dedicación

Quiero dedicarle este libro a mi esposo Dave,
quien me mostró el amor de Jesús mientras
se producía mi sanidad.

Gracias, Dave, por dejarme ser yo misma
aun cuando no era muy agradable.

Gracias por haber sido paciente y positivo
y por haber confiado en que Dios me cambiaría
aunque pareciera imposible. Creo que esta obra
es tanto tuya como mía y le doy gracias a Dios por
haberte traído a mi vida. Ciertamente has sido
mi "caballero de resplandeciente armadura".

Contenido

Prólogo

La sanidad emocional, también llamada sanidad interior, es un tema del cual, definitivamente, es necesario hablar. Pero debe ser tratado de manera bíblica y equilibrada para que produzca resultados.

Nuestra vida interior es mucho más importante que la vida exterior. El apóstol Pablo dice en 2 Corintios 4:16 que aunque el hombre exterior se va desgastando (progresivamente), el interior se renueva día a día (progresivamente).

En Romanos 14:17 vemos que el reino de Dios no consiste de comida o bebida (cosas externas) sino que es justicia, paz y gozo en el Espíritu Santo. Lucas 17:21 dice que el reino de Dios está *dentro* de ti.

En resumen, lo que he aprendido con relación a esto a través de los años es que Jesús es mi Rey. El reino que Él desea gobernar es mi vida interior: mi mente, mi voluntad, mis emociones, mis deseos, etc. Él trae justicia con Él, gozo y paz. No importa cuántas dificultades o pruebas esté pasando en mi vida exterior, si por dentro estoy completa no sólo podré sobrevivir, sino que disfrutaré la vida.

Muchas, muchísimas personas parecen tener todo externamente, pero por dentro están destruidas. Esa era mi situación hasta que aprendí que la mayor preocupación del Señor es mi vida interior. Mateo 6:33 declara que debemos buscar primero el reino de Dios (recuerde que está dentro de usted) y su justicia y *entonces* las demás *cosas* serán añadidas.

En Isaías 61 el Señor dice que Él vino a sanar a los quebrantados de corazón. Creo que se refiere a los quebrantados por dentro, a aquellas personas destrozadas y heridas por dentro.

Creo que este libro es un mapa de ruta que indica cómo ir desde la devastación a la sanidad e integridad del hombre interior. Oro para que usted, lector, lo encuentre sencillo, claro y poderoso y que el Espíritu Santo lo capacite para seguir el mapa que lo llevará a destino.

Mi oración para usted se puede encontrar en Efesios 3:16 (parafraseada): Oro para que sea fortalecido en el hombre interior por medio del poder del Espíritu Santo y que él habite en su ser interior y en su personalidad.

1

Abuso

Uno de los términos usados por el diccionario de uso del español de María Moliner para definir "abuso" son: "mal uso", "uso indebido", "excederse", "extralimitarse", "propasarse", "atropello", "impedir", "cortar", "cometer", "hacer uso excesivo de una cosa en perjuicio propio o ajeno", "aprovecharse con exceso".

Creo que mucha gente es objeto de abuso en una medida u otra durante su vida. Algunas formas comunes de abuso son: físico, verbal, emocional y sexual. Cualquiera que sea la forma, el abuso provoca una raíz de rechazo, lo que es un grave problema en nuestros días. Dios creó a la gente para amarse y aceptarse, pero el diablo trabaja arduamente para que nos sintamos rechazados porque sabe cuánto nos hiere el rechazo tanto emocional como de otra manera.

Los tipos de abuso mencionados anteriormente, ya sea que adopten la forma de relaciones quebrantadas, abandono, divorcio, falsas acusaciones, marginación de grupos, exclusión hecha por maestros y otras figuras de autoridad, ser ridiculizado por compañeros o cualquiera de las tantas acciones hirientes que puedan haber, causan heridas emocionales que pueden ser obstáculos para que las personas mantengan la salud y las relaciones duraderas.

¿Usted ha sido objeto de abuso? ¿Maltrato? ¿Trato impropio? ¿Rechazado? ¿Esto le ha efectado su estado emocional? ¿Realmente quiere ser sanado? ¿Quiere mejorarse?

Una de mis escrituras preferidas (asombrosa) es Juan 5:5-6. En este pasaje encontramos a Jesús viendo a un hombre tendido al lado del estanque de Betesda. Este hombre hacía treinta y ocho años que estaba enfermo. Al saber cuánto hacía que este pobre hombre se encontraba en esa condición, Jesús le preguntó: *"¿Quieres ser sano?"* [*¿Verdaderamente deseas curarte?*] (v.6).

¿Esa es la clase de pregunta que se le hace a alguien que hace tanto tiempo que está sufriendo? Es una pregunta adecuada porque no todos anhelan tan fervientemente ser sanados como para hacer todo lo que es requerido. Las heridas emocionales se han convertido en la prisión que encierra a la persona en sí misma, excluyéndola de los de afuera. Jesús vino para abrir las puertas de las prisiones y para liberar a los cautivos (Lucas 4:18).

Este hombre, como tanta gente hoy día, padecía de una larga enfermedad crónica. Estoy segura de que en dieciocho años había aprendido cómo funcionar con su enfermedad. Las personas en prisión funcionan pero no son libres. De todas maneras, a veces, los prisioneros —ya sea física o emocionalmente— se acostumbran tanto a sus ataduras que aprenden a vivir así.

¿Es usted un "prisionero emocional"? Si es así ¿cuánto hace que se encuentra en esa condición? ¿Es una enfermedad prolongada y arraigada? ¿Quiere liberarse de ella? ¿Realmente quiere curarse? Jesús quiere sanarlo. Él está dispuesto ¿y usted?

¿Quiere ser libre y estar curado?

Lograr la libertad de una atadura emocional no es fácil. Desde el principio debo ser honesta y decir claramente que para muchas, muchas personas que lean este libro, no les será fácil. Les removerá sentimientos y emociones que han estado "cocinando" en vez de enfrentarlos y trabajar con ellos. Usted puede ser una de esas personas. Puede que usted haya experimentado en el pasado sentimientos y emociones tan fuertes que hayan sido muy dolorosos como para lidiar con ellos, por lo tanto, cada vez que afloran a la superficie, usted le ha dicho a Dios: "Señor, todavía no estoy listo. ¡Me enfrentaré después con ese problema!"

Este libro no trata solamente con el dolor emocional causado por lo que los demás le pudieron haber hecho a usted, sino con su responsabilidad hacia Dios de sobreponerse a esos traumas y curarse.

Algunas personas (a decir verdad, un gran número de personas) tienen dificultad para aceptar la responsabilidad personal. En estas páginas trabajaremos de manera muy práctica con el perdón, la ira contenida, la autocompasión, el síndrome del resentimiento, la mala actitud y muchas, muchas otras actitudes mentales y emocionales venenosas que necesitan limpieza para que usted se sane del todo.

Puede que se esté preguntando: "Pero ¿y quién se ocupará de la persona que me hirió?" También veremos eso. Puede que también se pregunte: "¿Y quién se cree que es esta mujer en el área de las emociones, especialmente las mías?" Puede que usted quiera hacerme algunas preguntas, tales como: "¿Usted tiene algún título en psicología? ¿Dónde cursó sus estudios? ¿Usted pasó por alguna de las cosas que yo estoy pasando? ¿Cómo sabe lo que es sentirse prisionero en una cárcel emocional?"

Tengo respuestas para todas estas preguntas, y si usted es lo suficientemente valiente como para enfrentarse a su situación y se ha propuesto que en verdad quiere sanarse, entonces, lea.

Yo fui objeto de abuso

Mi educación, diplomas, experiencia y calificaciones para enseñar sobre este tema provienen de mi experiencia personal. Yo siempre digo: "Me gradué en la escuela de la vida". Reclamo las palabras del profeta Isaías como mi diploma:

> *El Espíritu del Señor Dios está sobre mí, porque me ha ungido el Señor para traer buenas nuevas a los afligidos; me ha enviado para vendar a los quebrantados de corazón, para proclamar libertad a los cautivos, y liberación a los prisioneros.*

Isaías 61:1

En los versículos 2 y 3, Isaías continúa diciendo:

> *para proclamar el año favorable del Señor, y el día de venganza de nuestro Dios; para consolar a todos los que lloran, para conceder que a los que lloran en Sion se les dé diadema en vez de ceniza...*

Dios ha cambiado mis cenizas por gloria y me ha llamado a ayudar a otras personas para que le permitan a Él hacer lo mismo.

Fui objeto de abuso sexual, físico, verbal y emocional desde que tengo memoria, hasta que a los dieciocho años me fui de casa. En realidad fui maltratada por varios hombres en mi infancia. Fui rechazada, abandonada, traicionada y me divorcié. Sé muy bien lo que es estar "emocionalmente prisionera".

El propósito al escribir este libro no es el de dar mi testimonio en detalle, sino que quiero darle una pequeña versión de mi propia experiencia para que usted vea que bien sé lo que significa estar herido y pueda mostrarle cómo recobrarse. Quiero ayudarlo y lo haré mejor si usted cree fehacientemente que entiendo por lo que está pasando.

Antes de entrar en los detalles de mi niñez y en algunas experiencias vividas, quiero decirle que de ninguna manera esto es para degradar a mis padres. He aprendido que la gente herida lastima a otros; que la mayoría de las personas que lastiman a otros es porque ellos mismos han sido heridos. Por la gracia de Dios puedo decir: "Padre, perdónalos porque no sabían lo que hacían". Cuento esta historia con el solo propósito de ayudar a otras personas que, como yo, han sido objeto de abuso.

2

Temor a tener amigos

Debido al maltrato sufrido en casa, tuve mucho miedo en mi niñez. Mi padre me controlaba con ira e intimidación. Nunca me forzó físicamente para que me sometiera a él pero sí me forzó a fingir que me gustaba lo que me hacía y que quería que me lo hiciera. Creo que mi incapacidad para expresar mis verdaderos sentimientos por lo que pasaba conmigo y ser obligada a actuar como si me gustara, me dejó marcada con profundas heridas emocionales.

Las pocas veces que intenté hablar con honestidad acerca de la situación, fue devastador. La violenta reacción de mi padre —despotricando y regañando— fue tan atemorizante que aprendí rápidamente a hacer lo que él decía sin ninguna objeción.

El miedo era mi constante compañero: miedo a mi padre, miedo a su ira, miedo a quedar expuesta, miedo a que mi madre descubriera lo que pasaba, miedo a tener amigos.

El miedo a tener amigos se basaba en dos factores. Si eran del sexo femenino, temía que mi padre también las hiciera caer en su trampa. Si eran del sexo masculino, temía que mi padre pudiese lastimarlos a ellos o a mí. Él no permitía que nadie se me acercara porque "yo le pertenecía a él". Me acusaba violentamente de ser sexualmente activa con mis compañeros de escuela.

Siempre estaba luchando con el temor de hacer amistades o quedarme sola. No quería involucrar a nadie en lo que pudiera ser un potencial desastre, un desastre que me avergonzaría y me abochornaría.

Traté de tener compañeros en la escuela pero no dejando que la amistad llegase al punto de tener que invitarlos a casa. Tampoco le daba a nadie la libertad de poder contactarse conmigo en casa. Cuando alguien me llamaba por teléfono pensaba aterrorizada: "¿Y si es alguien de la escuela?"

¡Miedo! ¡Miedo! ¡Miedo!

Mi padre tomaba mucho los fines de semana; frecuentemente, arrastrándome en sus juergas y usándome a su voluntad. Muchas veces, volvía a casa enojado y le pegaba a mi madre. A mí no me pegaba mucho, pero ver cómo le pegaba a mi madre era tan devastador como si me castigara a mí.

Mi padre controlaba todo lo que pasaba a su alrededor. Él decidía cuándo nos acostábamos y cuándo nos levantábamos, qué comer, qué vestir y qué gastar; con quién nos relacionábamos, qué veíamos en la televisión... en resumen, controlaba toda nuestra vida. Tanto mi madre como yo, éramos objeto de su abuso verbal y a veces, hacía lo mismo con mi hermano, quien nació cuando yo tenía nueve años. Recuerdo que deseé desesperadamente que naciera una niña. Pensaba que habiendo otra mujer en la familia, me dejaría tranquila, por lo menos, parte del tiempo.

Mi padre blasfemaba casi constantemente y usaba un vocabulario sucio y vulgar. Criticaba todo y a todos. Opinaba que nunca hacíamos nada bien y que nunca lograríamos hacer nada que valiera la pena. La mayoría del tiempo, nos recordaba que "no servíamos para nada" aunque había momentos en que hacía lo opuesto. Nos daba dinero para que fuésemos de compras, y hasta nos compraba regalos de vez en cuando. Era manipulador y coercitivo. Hacía todo lo que fuera posible para lograr lo que quería. La gente no valía nada para él a no ser que pudiera usarla para sus propósitos egoístas.

En casa no había paz. Yo no supe lo que era la paz hasta que fui grande y me sumergí varios años en la palabra de Dios.

Nací de nuevo a los nueve años mientras estaba de visita en casa de unos parientes. Una noche conseguí que me llevaran a escondidas a una iglesia con la intención de encontrar la salvación. Ni sé cómo sabía que necesitaba ser salva, excepto que Dios haya puesto ese deseo en mi corazón. Aquella noche recibí a Jesucristo como Salvador y sentí una profunda limpieza. Antes de ese momento, siempre me había sentido sucia a causa del incesto. Por primera vez me sentía limpia, como si me hubiese bañado por dentro. Pero, como el problema no se terminó cuando volví a mi casa, volví a sentir el antiguo temor.

La traición

¿Y qué decir de mi madre? ¿Dónde encaja ella en todo esto? ¿Por qué no me ayudaba?

Yo tendría unos ocho o nueve años cuando le conté a mi madre lo que pasaba con mi padre. Ella me revisó y confrontó a mi padre, pero él dijo que yo estaba mintiendo y ella prefirió creerle a él y no a mí. ¿Qué mujer no preferiría creerle a su marido en una situación semejante? Creo que en el fondo ella lo sabía pero quería creer que no era cierto.

Cuando tenía catorce años, un día ella llegó a casa antes de lo esperado de hacer las compras y sorprendió a mi padre en pleno acto de abuso sexual. Miró, salió y volvió de nuevo dos horas después, actuando como si nunca hubiese visto nada.

Mi madre me traicionó.

No me ayudó, y debía haberlo hecho.

Muchos, muchos años después (treinta años después) ella me confesó que no hubiese podido enfrentar el escándalo. ¡Ni lo mencionó por treinta años! Durante ese tiempo, ella padeció un colapso nervioso. Todos los que la conocían le echaron la culpa "al cambio de vida".

Durante dos años estuvo bajo tratamiento de *shock,* lo que le borró temporalmente porciones de memoria. Ninguno de los médicos supo qué le estaban ayudando a olvidar, pero sabían que ella tenía que olvidar algo. Era obvio que había algo en su mente que se estaba comiendo su salud mental.

Mi madre le achacó su problema a su condición física. Tuvo dificultades excepcionales durante aquel período de su vida debido a varios problemas femeninos a temprana edad. Le siguió una histerectomía completa a los treinta y seis años y una menopausia prematura. En esa época, muchos médicos no creían en darle hormonas a las mujeres, por lo que fue un período muy difícil para ella. Parecía que la combinación de todo lo que le pasaba era superior a lo que podía sobrellevar.

Personalmente, siempre creeré que el colapso emocional de mi madre fue el resultado de soportar tantos años de abuso y la verdad que se negó a enfrentar y resolver. En Juan 8:32 nuestro Señor nos dice: "conoceréis la verdad y la verdad os hará libres". La palabra de Dios es verdad y, si se aplica, tiene el poder inherente de liberar al cautivo. La palabra de Dios también nos pone cara a cara con el problema de nuestra vida. Si decidimos darle la espalda y correr cuando el Señor dice que lo confrontemos, *seguiremos estando en esclavitud.*

Abandono del hogar

A los dieciocho años me fui de casa mientras mi padre estaba en el trabajo. Al poco tiempo me casé con el primer joven que mostró interés en mí. Como yo, mi esposo tenía infinidad de problemas. Era manipulador, ladrón y estafador. La mayor parte del tiempo, ni siquiera trabajaba. Nos mudamos muchas veces. Una vez me abandonó en California, dejándome con nada más que diez centavos y unas pocas gaseosas. Tuve miedo, pero como estaba acostumbrada al temor y el sufrimiento, probablemente no me afectó tanto como le hubiese afectado a alguien con menos "experiencia".

Mi marido me había abandonado varias veces simplemente yéndose durante el día mientras yo trabajaba. Se iba desde algunas semanas hasta varios meses. De pronto, reaparecía y yo escuchaba su dulce conversación, sus disculpas y lo aceptaba de nuevo... sólo para que volviera a ocurrir lo mismo vez tras vez. Cuando estaba conmigo bebía constantemente y tenía relaciones con otras mujeres con regularidad.

Durante cinco años jugamos al matrimonio. Éramos muy jóvenes, teníamos dieciocho años y ninguno de los dos habíamos tenido buenos padres. Estábamos totalmente incapacitados para ayudarnos el uno al otro. Mis problemas se agravaron cuando tuve un aborto natural a los veintiún años y con el nacimiento de mi hijo mayor a los veintidós. Esto sucedió el último año de nuestro matrimonio. Mi marido me dejó y se fue a vivir con otra mujer que vivía a dos cuadras de casa, diciéndole a todo el mundo que el hijo que llevaba en mi seno no era de él.

Recuerdo haber estado peligrosamente a punto de volverme loca en el verano de 1965. Durante todo el embarazo perdí peso, porque no podía comer. Sin amigos, sin dinero, sin seguro médico, me atendía un médico diferente cada vez que iba al hospital a que me revisaran. Los médicos eran internos o practicantes. No podía dormir y empecé a tomar pastillas. Gracias a Dios que no me hicieron daño, ni a mí ni a mi hijo.

Ese verano, la temperatura superó los 40 grados y no tenía ni aire acondicionado ni ventilador en mi departamento del tercer piso. Mi única posesión material era un viejo auto Studebaker que echaba vapor. Como mi padre siempre me había dicho que algún día iba a necesitar su ayuda y que iba a volver a él, estaba decidida a hacer cualquier cosa menos eso... aunque no sabía lo que pasaría.

Me acuerdo que estaba bajo una presión mental tan grande que me quedaba sentada mirando las paredes o por la ventana durante horas, sin siquiera dándome cuenta de lo que estaba haciendo. Trabajé hasta que nació el bebé. Cuando tuve que dejar el trabajo, la peinadora y su mamá me llevaron con ellas. Mi bebé tenía cuatro semanas y media de retraso. Yo no tenía idea qué hacer ni cómo cuidarlo cuando naciera. Cuando el bebé nació, mi marido se apareció en el hospital. Como el bebé se parecía a él, no podía negar que fuese su hijo. Una vez más dijo que lo sentía y que iba a cambiar.

Cuando me dieron el alta en el hospital, no teníamos dónde ir a vivir por lo que mi marido se puso en contacto con la ex mujer de su hermano que era una maravillosa cristiana y nos dejó vivir un tiempo con ella, hasta que yo pudiera volver a trabajar.

Creo que usted se imaginará con estos pocos detalles, lo que era mi vida. ¡Era ridículo! No había nada estable en mi vida y lo que yo necesitaba desesperadamente era un poco de estabilidad.

Finalmente, en el verano de 1966, llegué al punto de no preocuparme por lo que me pasara. No podía ni pensar en continuar con mi marido. El hombre no me inspiraba ni una pizca de respeto, especialmente desde que, para ponerle el broche de oro, estaba en problemas con la justicia. Tomé mi hijo y lo que pude llevarme y me fui. Fui hasta una cabina telefónica desde donde llamé a mi papá y le pregunté si podía volver a casa. ¡Por supuesto, estaba encantado!

A los pocos meses de vivir en casa, me enteré que tenía otorgado el divorcio. Eso fue en setiembre de 1966. Para esa época, la salud mental de mi mamá estaba empeorando a diario. Había empezado a tener ataques violentos, acusaba a los empleados de robarle, amenazando a la gente con la que trabajaba por detalles sin importancia. Hasta llevaba un cuchillo en la cartera. Se ponía violenta y gritaba por cualquier cosa. Recuerdo especialmente una noche en que me pegó con una escoba porque yo no había limpiado el piso del baño. Mientras pasaba todo esto, yo me encargaba de no estar cerca de mi padre, evitando en lo posible quedarme a solas con él.

En resumen, mi vida era un infierno viviente.

Para "entretenerme" empecé a ir a los bares los fines de semana. Supongo que buscaba alguien que me quisiera. Tomaba, pero no me embriagaba. Nunca me atrajo la bebida. También me negaba a acostarme con los muchos hombres que conocía. A pesar de que mi vida era un desastre, había un profundo deseo en mí de ser buena y pura.

Confundida, temerosa, sola, desalentada y deprimida, oraba con frecuencia: "Querido Dios, por favor, permíteme ser feliz... algún día. Dame alguien que me ame de verdad y que me lleve a la iglesia.

Mi caballero de resplandeciente armadura

Mis padres vivían en un departamento para dos familias de su propiedad. Uno de sus inquilinos trabajaba con un hombre llamado Dave Meyer. Una tarde, Dave vino a buscar a su amigo para ir a jugar a los bolos. Yo estaba lavando el auto de mi madre. Él trató de flirtear conmigo pero yo empleé mi habitual sarcasmo. Me dijo si no quería lavar su auto cuando terminara con el mío. "Si quieres tener el auto limpio, lávalo tú mismo!" Debido a lo vivido con mi padre y mi marido, no confiaba en absoluto en los hombres y lo subestimé.

Pero Dave estaba siendo guiado totalmente por el Espíritu de Dios. Había nacido de nuevo y había sido bautizado en el Espíritu Santo; amaba a Dios con todo su corazón. A los veintiséis años, estaba preparado para casarse y hacía seis meses que estaba orando para que Dios lo guiase hacia la mujer adecuada. También le había pedido que fuese alguien que necesitara ayuda.

Como Dave había sido guiado por el Señor, mi sarcasmo, en vez de ofenderlo, sólo sirvió para animarlo. Después le comentó a su amigo que le gustaría salir conmigo. Al principio me negué, pero después cambié de idea. Salimos cinco veces y Dave me pidió que me casara con él. Me dijo que desde la primera vez que habíamos salido juntos él supo que quería que yo fuera su esposa, pero que había decidido esperar unas semanas antes de proponerme matrimonio para no asustarme.

Por mi parte, yo no sabía lo que era el amor y no tenía ganas de involucrarme en una relación con otro hombre. Pero, como las cosas en casa se estaban poniendo peor y como yo vivía en estado de pánico todo el tiempo, decidí que cualquier cosa sería mejor que lo que estaba viviendo en aquel entonces.

Dave me preguntó si quería ir a la iglesia con él, lo que yo ansiaba hacer. Recuerde que mi petición de oración era encontrar alguien que me amara y que me llevara a la iglesia. Yo quería firmemente vivir una vida cristiana, pero sabía que necesitaba alguien fuerte que me guiara. Dave también prometía ser bueno con mi hijito de diez meses. Lo había llamado David, como mi hermano y mi nombre preferido para varón. Todavía me sorprende ver la forma de obrar del Señor para mi bien, en medio de la oscura desesperación.

Dave y yo nos casamos el 7 de enero de 1967, pero no fuimos "eternamente felices". El casamiento no resolvió mis problemas, ni tampoco el ir a la iglesia. Los problemas no estaban en mi vida familiar ni en mi matrimonio sino en mí, en mis heridas y debilitadas emociones.

El abuso deja a una persona emocionalmente disminuida, incapaz de mantener relaciones sanas y duraderas. Yo quería dar y recibir amor pero no podía. Como mi padre, era manipuladora, controladora, colérica, crítica, negativa, dominante y condenatoria. Me había convertido en todo lo que había vivido. Llena de autocompasión, era verbalmente abusiva, depresiva y tenía amargura. Podría seguir así describiendo mi personalidad, pero estoy segura de que usted ya captó la imagen.

Funcionaba en sociedad. Yo trabajaba, Dave trabajaba. Íbamos juntos a la iglesia. La mayor parte del tiempo nos llevábamos bien porque Dave es una persona fácil de tratar. Generalmente me dejaba hacer, y cuando no, yo me volvía loca. En lo que a mí respecta, yo tenía razón en todo. Para mí, yo no tenía un problema, los demás lo tenían.

Ahora bien, recuerde que yo había nacido de nuevo. Yo amaba a Jesús. Creía que mis pecados habían sido perdonados y que me iría al cielo al morir. Pero en mi vida diaria no tenía ni paz, ni gozo ni victoria. A pesar de creer que se suponía que los cristianos fueran felices ¡yo no lo era! Ni siquiera sabía lo que era la justicia imputada por la sangre de Cristo. Siempre me sentía condenada. Estaba fuera de control. El único momento en que no me condenaba a mí misma era cuando estaba trabajando en busca de alguna meta que creía me daría cierto grado de autoestima.

Pensaba que si las *cosas* cambiaban, si *los demás* cambiaran, entonces, todo andaría bien. Si mi esposo, mis hijos, mis finanzas, mi salud fuesen diferentes, si me pudiese ir de vacaciones, comprarme un auto nuevo, un vestido; si pudiese salir de casa, buscar un trabajo, ganar más dinero, entonces me sentiría feliz y realizada. Siempre hacía lo que está descrito en Jeremías 2:13: cavaba cisternas que no retenían el agua.

Estaba cometiendo la trágica y frustrante equivocación de buscar el reino de Dios (que, de acuerdo a Romanos 14:17 es justicia, paz y gozo) en las cosas y no en la gente.

De lo que no me di cuenta es que Jesús enseñó en Lucas 17:20-21 y el apóstol Pablo señaló en su carta a los colosenses, que el reino de Dios está en nosotros: *Cristo en vosotros, la esperanza de la gloria* (Colosenses 1:27). Mi gozo tenía que encontrarlo enÉél, pero me llevó muchos años encontrarlo. Intenté ganarmc la justicia siendo buena, haciendo obras de la carne. Estaba en el comité de evangelización y en la junta de la iglesia. Mi marido era un anciano en la iglesia. Nuestros hijos iban a la escuela parroquial. Yo trataba de hacer todas las cosas bien. Trataba, trataba y trataba pero no podía dejar de cometer errores. Estaba destrozada y agotada y me sentía frustrada y miserable.

Ignoraba el problema

Nunca se me ocurrió pensar que estaba sufriendo por los años de abuso y rechazo que había padecido. Creí que todo eso había quedado atrás. Era cierto que no me estaba pasando físicamente, pero todo aquello estaba registrado en mis emociones y en mi mente. Seguía sufriendo los efectos, y actuaba en consecuencia.

¡Necesitaba sanidad emocional!

Legalmente, era una nueva criatura en Cristo (1 Corintios 5:17) pero experimentalmente todavía no me había apropiado de la realidad de la nueva creación. Vivía enajenada de mi mente, voluntad y emociones, que estaban dañadas. Jesús había pagado el precio por mi liberación completa, pero yo no tenía idea de cómo recibir su inmerecido don.

3

Comportamiento adictivo a causa del abuso

Lo primero que hay que darse cuenta es que el fruto en nuestra vida (el comportamiento) viene de alguna parte. La persona que es violenta, es debido a algo. Su conducta es el fruto malo de un árbol malo que tiene malas las raíces. Como suelo decir, *los frutos podridos provienen de raíces podridas; los buenos frutos provienen de buenas raíces*. Es importante darle una mirada de cerca a sus raíces. Si eran desagradables, estaban lastimadas o fueron maltratadas, la buena noticia es que usted puede arrancarla de esa tierra mala y trasplantarla en la buena tierra de Jesucristo para que pueda arraigarse y nutrirse en él y en su amor (Efesios 3:17; Colosenses 2:7).

Jesús lo injertará en Él. Si usted, como rama, está injertado en él, la raíz y la vid (Juan:15:5) comenzará a recibir toda la "savia" (todas las riquezas de su amor y gracia) que fluye de él. En otras palabras, si en su crecimiento usted no recibió lo que necesitó para estar lozano y saludable, Jesús se la dará gustosamente ahora.

En mi propia vida hubo gran cantidad de malos frutos que traté de sacarme de encima. Trabajé arduamente tratando de portarme bien. Pero no importaba de qué mala conducta me quisiera deshacer, siempre afloraban dos o tres más en alguna parte. Era como la mala hierba o el diente de león. Yo arrancaba la parte visible, pero no arrancaba la raíz del problema. La raíz estaba viva y seguía produciendo nuevos brotes de problemas. ¿Esto le resulta conocido?

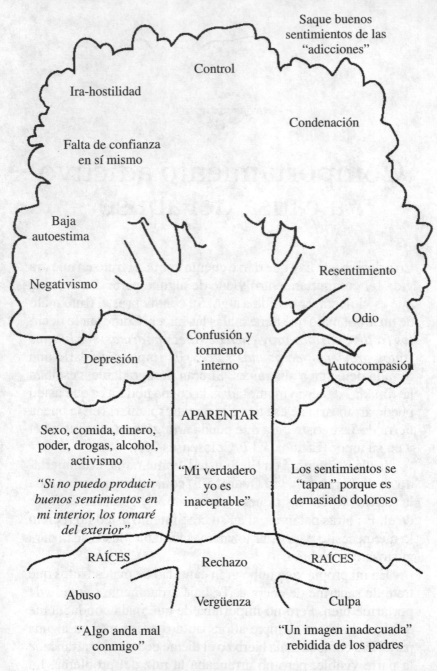

Saque buenos sentimientos de las "adicciones"

Control

Ira-hostilidad

Condenación

Falta de confianza en sí mismo

Baja autoestima

Resentimiento

Negativismo

Odio

Confusión y tormento interno

Depresión

Autocompasión

APARENTAR

Sexo, comida, dinero, poder, drogas, alcohol, activismo

"Si no puedo producir buenos sentimientos en mi interior, los tomaré del exterior"

"Mi verdadero yo es inaceptable"

Los sentimientos se "tapan" porque es demasiado doloroso

RAÍCES

Rechazo

RAÍCES

Abuso

Vergüenza

Culpa

"Algo anda mal conmigo"

"Un imagen inadecuada" rebidida de los padres

LOS FRUTOS PODRIDOS PROVIENEN DE RAÍCES PODRIDAS

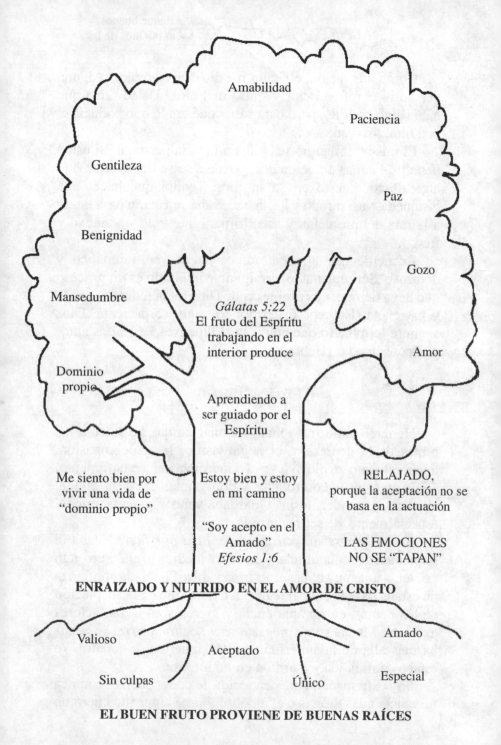

Amabilidad

Paciencia

Gentileza

Paz

Benignidad

Gozo

Mansedumbre

Gálatas 5:22
El fruto del Espíritu
trabajando en el
interior produce

Amor

Dominio
propio

Aprendiendo a
ser guiado por el
Espíritu

Me siento bien por
vivir una vida de
"dominio propio"

Estoy bien y estoy
en mi camino

RELAJADO,
porque la aceptación no se
basa en la actuación

"Soy acepto en el
Amado"
Efesios 1:6

LAS EMOCIONES
NO SE "TAPAN"

ENRAIZADO Y NUTRIDO EN EL AMOR DE CRISTO

Valioso

Amado

Aceptado

Sin culpas

Único

Especial

EL BUEN FRUTO PROVIENE DE BUENAS RAÍCES

Como ilustración, el Señor me dio este ejemplo. ¿Alguna vez abrió el refrigerador y sintió mal olor? Usted sabía que había algo podrido, pero para saber qué era lo que poducía el mal olor, tuvo que sacar todo.

El mismo principio se aplica a tu vida personal. Si usted tiene problemas emocionales, puede que se deba a que hay algo descompuesto en su interior. Tendrá que hacer una búsqueda, vaciar todo y hasta hacer una selección para llegar a la raíz del problema y sacarlo para que todo sea nuevo y fresco.

Recuerde que arrancar raíces puede ser traumático y doloroso. Ser replantado, arraigado e injertado es un proceso que lleva tiempo. Las promesas de Dios las heredamos con fe y paciencia (Hebreos 6:12) por lo tanto, sé paciente. Dios siempre termina lo que empieza (Filipenses 1:6) Él es autor y el consumador (Hebreos 12:2).

Frutos malos

He dado tanto fruto malo en mi vida que he sufrido los brotes de la depresión, el negativismo, la autocompasión, temperamento explosivo y el síndrome del resentimiento. Tenía un espíritu controlador y dominante. Era dura, rígida, legalista y condenatoria. Guardaba rencor y tenía miedo, especialmente, de ser rechazada.

Era una persona por dentro y otra por fuera. Daba la impresión de ser confiada, y en cierta medida lo era. Pero, aun así, tenía una muy baja autoestima y mi así llamada confianza no estaba basada en lo que era en Cristo sino en la aceptación de los demás, en mi apariencia y logros y en otros factores externos. Mucha gente piensa que es segura, pero si se escarba más allá de la superficie, ¡están muertos de miedo! Yo estaba confundida y aturdida en mi interior.

Soy extremadamente bendecida de poder decir que nunca fui adicta a las drogas o el alcohol. Fumé cigarrillos pero no tuve ninguna otra dependencia química. Simple y llanamente no me gusta el alcohol. Podía tomar algunos tragos, pero en cuanto me empezaba a marear, ya no bebía más.

Siempre tuve mucho dominio propio. Era parte de mi personalidad que nadie me controlase por lo que me mantuve alejada de las drogas. Creo que debido a que mi padre me controló tanto, tomé la determinación que no se repetiría. Aunque no controlaba mis problemas internos, parecía que tenía cierta sabiduría para apartarme de las cosas que me pudiesen dar dependencia.

En una ocasión tomé píldoras para bajar de peso porque estaba excedida en 12 kilos. Aunque era una prescripción médica, me "levantaban". Eran anfetaminas, pero yo no sabía que eran dañinas. ¡Me encantaba cómo me hacían sentir todo el día! Cuando las tomaba, trabajaba como una máquina, limpiaba la casa, era creativa y amigable; estaba muy, pero muy activa. Pero cuando se acababa el efecto ¡me venía abajo!

Aunque no bajé de peso, las pastillas sí controlaban mi apetito... mientras duraba el efecto. Podía estar todo el día sin comer, pero en la noche me sentía tan desesperada que podía comerme todo lo que no había comido durante el día. En mi interior sabía que podía adquirir adicción a las pastillas si las seguía tomando por lo que las dejé.

Ahora me doy cuenta de que el hecho de evitar hacer cosas que me destruyeran eran el resultado de haber recibido a Jesús a los nueve años. Aunque no sabía cómo desarrollar una relación con el Señor, él siempre estaba conmigo y me cuidaba de manera que yo no me daba cuenta en ese momento por falta de conocimiento. Años después, vi muy claramente esas bendiciones.

Sé que la gracia y la misericordia de Dios me guardó de problemas serios como el crimen, las drogas, el alcoholismo y la prostitución. Le agradezco al Señor y me admiro de la forma en que Él me cuidó. Aunque no tengo ese tipo de problemas, tengo un montón de otros. La raíz mala ha producido fruto malo.

Aparentar

Me sentía muy infeliz y desgraciada. Pero, como mucha gente, aparentaba como que todo estaba bien. No queremos que los demás se enteren de lo miserable que nos sentimos, pero también aparentamos ante nosotros mismos para no tener que enfrentarnos y resolver los problemas. No tomé conciencia de lo desgraciada que era hasta que me metí en la palabra de Dios y comencé a experimentar cierta sanidad emocional. Si la persona no conoció la verdadera felicidad ¿cómo sabe que le falta? No recuerdo haber estado plenamente relajada y haberme sentido verdaderamente feliz de niña. Creo que nadie puede disfrutar la vida viviendo en constante temor.

Recuerdo una tarde, después de habernos casado, que Dave hablaba de su niñez. Creció junto a siete hermanos. Había mucha diversión y amor entre ellos, pasaban los veranos en el campo, hacían meriendas campestres, jugaban a la pelota, tenían amigos y una mamá cristiana que les dedicaba tiempo para enseñarles cosas acerca de Jesús. No tenían mucho dinero porque el padre de Dave había muerto de una enfermedad del hígado provocada por el alcohol. Pero, a pesar de esa influencia, las oraciones y el ejemplo cristiano de la mamá de Dave mantuvo a la familia fuera de problemas.

Se amaban y eso es lo que todos necesitamos y para lo cual hemos sido creados.

Mientras Dave me compartía esa tarde los buenos tiempos que él había pasado con su familia y lo mucho que había disfrutado los años de su niñez, de pronto me di cuenta de que yo no había tenido algo así. ¡No recordé haber sido nunca, *jamás*, feliz en mi infancia! Me habían robado algo que nunca volvería a tener. Me sentí terriblemente estafada. Tal vez usted se sienta igual. Si es así, Dios hará por usted lo que ha hecho conmigo. Él arreglará las cosas. Él mismo, será su recompensa y le restaurará lo que perdió.

Me di cuenta de que tenía que dejar de aparentar y enfrentar la verdad. Yo tenía cierto comportamiento adictivo del pasado. Ese pasado no era culpa de Dave ni de mis hijos. No era justo seguir haciéndolos sufrir por algo en lo cual ellos no tenían nada que ver.

Comportamiento adictivo

El comportamiento adictivo que resulta del abuso es, probablemente, interminable, pero aquí enumero algo:

Sustancias adictivas
alcohol
drogas (recetadas e ilegales)

Obsesión por el dinero
gasto excesivo
acumulación

Desórdenes alimenticios
bulimia (comer-purgarse)
anorexia (pasar hambre)
obesidad causada por la glotonería

Nota: Algunas personas que han sido promiscuas se mantienen gordas a propósito evitando así ser atractivas. Temen volver a caer en tentación. Quienes han sido privados de amor pueden sentir que comiendo llenan lo que no tuvieron.

Adicciones de sentimientos
violencia
tristeza
temor

excesiva emoción
justicia religiosa
gozo implantado (llevando estampada una sonrisa constante,
no aparentando jamás estar enojados, riéndose en momentos
inoportunos, hablando sólo de cosas felices).

Ideas adictivas
detallistas
temerosos
no paran de hablar
pensamientos lujuriosos
pensamientos intranquilos (la mente nunca descansa, siempre
está pensando qué va a decir y hacer, cómo reaccionar, etc.)

Obsesión por la actividad
trabajo
deportes
lectura
juego
ejercicios
televisión
se ocupa en cuidar demasiadas mascotas

Adicciones de la voluntad
Controladores: La gente controladora piensa que tiene que
manejar todas las situaciones. No someten las emociones a la
lógica o la razón. Se siente segura cuando está en control.

Controlado: Las personas controladas se vuelven muy pací-
ficas, entregan su voluntad a la gente y hacen lo que los demás
les dicen. Hasta pueden ser poseídos u oprimidos fuertemente
por entregarle su voluntad al diablo. Se sienten tan poca cosa
que no merecen nada, ni siquiera elegir.

Repetición de los hechos: Estos adictos repiten su propio abuso
sobre sus hijos o, como adultos, se colocan constantemente en

situaciones que producen el mismo tipo de cosas que les sucedieron de niños. Una escena similar les recuerda el suceso y asumen el papel del abusador para no sentir el dolor del recuerdo.

Ejemplo: Un hombre a quien su padre golpeaba de niño puede que maltrate a sus hijos como resultado de ver "escenas retrospectivas" y asumiendo el papel del abusador en vez de ser él maltratado. Una mujer que haya sido objeto de abuso físico, sexual o verbal por su padre puede que se case con un hombre, o con varios hombres sucesivamente, que la traten de la misma manera. Ella puede creer que no se merece otra cosa o que se merece ser maltratada. Hasta puede que busque ser maltratada provocando el maltrato.

Cuidadores: Algunas personas encuentran su valía cuidando de otras que las necesiten. Se sienten tan sin valor que se vuelven adictos a cuidar, ayudar, a complacer a la gente y ser agradables, porque haciendo esto se sienten bien.

Creado para sentirse bien interiormente

Como seres humanos, Dios nos creó para ser felices y sentirnos bien (justos) acerca de nosotros mismos. Es más, debemos sentirnos bien o a la larga desarrollaremos alguna clase de comportamiento incontrolable, porque ese comportamiento nos hace "sentir bien" aunque sea no más por un ratito.

Piénselo. La persona adicta a las drogas, probablemente haya empezado porque su dolor era tan intenso que se sintió impelido a sentirse bien, aunque fuera temporalmente. Lo mismo sucede con la bebida. Mucha gente también usa la comida como consuelo. Se disfruta comiendo, nos sentimos bien comiendo. Mucha gente con desórdenes alimenticios

BELLEZA EN LUGAR DE CENIZA

están carentes de amor. Quieren sentirse bien consigo mismo. Si no nos sentimos bien en el interior, entonces, lo procuraremos de otro lado.

Si usted tiene cualquier comportamiento adictivo, puede que este capítulo lo ayude a entender la raíz del problema. Usted se puede pasar toda la vida luchando con la conducta externa (el fruto malo) pero asomará por algún lado si no se ocupa de la raíz.

4

Al fin, amada

Si usted ha sido objeto de malos tratos, puede que ya haya identificado algunas áreas problemáticas en su vida. Señalar problemas sin indicar una solución, puede ser desastroso. Si hiciera eso, usted quedaría más frustrado que antes de leer el libro.

Intento enfatizar las mayores verdades que me dieron sanidad. Mientras lo hago, quiero recordarle que, de acuerdo al apóstol Pedro: *"Dios no hace acepción de personas* (Hechos 10:34). Lo que Él hace para uno, lo hará para otro, si es una promesa encontrada en su Palabra.

El proceso de sanidad

Mi primer esposo no sabía amar, por lo que no recibí amor en nuestra relación. Aunque mi segundo esposo, Dave, me amaba de verdad, yo no sabía más de lo que había recibido en cuanto a recibir amor. Oscilaba entre: 1) rechazar su amor y excluirlo de mi vida levantando paredes a mi alrededor, para asegurarme de no ser lastimada (eso pensaba) y, 2) tratar que me amase con un amor perfecto y completo, lo que era humanamente imposible que lograra.

En Juan 4:18 leemos que el perfecto amor echa fuera el temor. Sólo Dios puede amar perfectamente, sin fallar. No importa cuánto pueda amar una persona a otra, sigue siendo humano. Como dijo nuestro Señor: *"el espíritu está dispuesto, pero la carne es débil"* (Mateo 26:41). La gente siempre desilusiona a los demás. Ama de manera imperfecta, simplemente porque es parte de la naturaleza humana.

Yo quería que Dave me diese algo que sólo Dios podía darme; era el sentido de valía y dignidad. Yo pretendía que mi marido me amara totalmente y me tratara de forma perfecta para poder sentirme, finalmente, bien conmigo misma. Cuando él fallaba, me desilusionaba o me hería, yo levantaba paredes entre ambos y no lo dejaba entrar en varios días, a veces, semanas.

Muchas personas que tienen un pasado disfuncional o han sido maltratadas no pueden mantener relaciones sanas y duraderas ya sea porque no saben cómo recibir amor o colocan una demanda desequilibrada en su pareja exigiendo que les den lo que sólo Dios puede dar. La frustración resultante puede arruinar el matrimonio.

Este mismo principio se puede aplicar a las amistades. En una ocasión se me acercó una señora para que orara por ella.

—Joyce, ayúdeme. Estoy tan sola. Cada vez que tengo amistad con alguien, lo sofoco.

Esta señora estaba tan hambrienta de amor que a cualquiera que le prestase un poco de atención, trataba de indilgarle todas sus deudas emocionales pasadas. Generalmente espantaba a la gente.

El incondicional, inamovible y perfecto amor de Dios

Leyendo un día la Biblia, encontré la siguiente declaración en 2 Corintios 5:7: *"Porque por fe andamos"*, (*regulamos nuestra vida y nos conducimos de acuerdo a nuestras convicciones y creencias en cuanto a la relación del hombre con Dios y las cosas divinas, con confianza y santo fervor; así andamos)* "no por vista" o por lo que aparenta.

El Espíritu Santo me preguntó: "¿Joyce, qué crees tú de tu relación con Dios? ¿Crees que Él te ama?"

Al buscar honestamente en mi corazón y estudiar la palabra de Dios al respecto, llegué a la conclusión de que sí creía que Dios me amaba, pero *condicionalmente*.

La Biblia nos enseña que Dios nos ama perfecta o incondicionalmente. Su perfecto amor por nosotros no se basa en nuestra perfección. No está basado en nada más que en sí mismo. Dios es amor (1 Juan 4:8). El amor no es su ocupación, es lo que Él es. Dios siempre nos ama, pero con frecuencia dejamos de *recibir* su amor, especialmente, si nuestro comportamiento no es bueno.

Quisiera hacer una pausa acá y mencionar algunos pasajes de las Escrituras que han significado mucho para mí. Por favor, tómese tiempo para leerlas lentamente. Digiéralas y permita que sean parte de usted.

Y nosotros hemos llegado a conocer (comprender, reconocer, ser conscientes, habiendo observado y vivido) y hemos creído (adherido, descansado y puesto nuestra fe) el amor que Dios tiene para nosotros. Dios es amor y el que permanece en amor permanece en Dios y Dios permanece en él. En esto (unión y comunión con él) se perfecciona el amor en nosotros, para que tengamos confianza en el día del juicio, (donde tendremos que estar delante de Él) pues como Él es, así somos también nosotros en este mundo. En el amor, no hay temor (no existe el miedo) sino que el perfecto amor (completo, total) echa fuera el temor, porque el temor involucra castigo, y el que teme no es hecho perfecto en el amor (todavía no ha crecido hasta alcanzar la perfección completa). Nosotros amamos porque Él nos amó primero.

1 Juan 4:16-19

En esto se manifestó (se mostró) el amor de Dios en nosotros; en que Dios ha enviado a su Hijo unigénito al mundo
para que vivamos por medio de Él. En esto consiste el amor:
no en que nosotros hayamos amado a Dios, sino en que Él
nos amó a nosotros y envió a su Hijo como propiciación
(sacrificio expiatorio) por nuestros pecados. Amados, si
Dios así nos amó, también nosotros debemos amarnos unos
a otros.

1 Juan 4:9-11

¿Quién nos separará del amor de Cristo? ¿Tribulación, o
angustia, o persecución, o hambre, o desnudez, o peligro, o
espada?

Romanos 8:35

Porque estoy convencido (no tengo ninguna duda) de que
ni la muerte, ni la vida, ni ángeles, ni principados, ni lo
presente, ni lo por venir, ni los poderes, ni lo alto, ni lo
profundo, ni ninguna otra cosa creada nos podrá separar
del amor de Dios que es en Cristo Jesús Señor nuestro.

Romanos 8:38-39

De manera que Cristo more (habite, viva, haga su residen-
cia permanente) por la fe (de verdad) en vuestros corazones
y que arraigados y cimentados en amor, seáis capaces de
comprender con todos los santos (gente devota de Dios, la
vivencia de ese amor) cuál es la anchura, la longitud, la
altura y la profundidad, y de (llegar a un verdadero entendimiento) conocer (vivenciar por ti mismo) el amor de
Cristo que sobrepasa el conocimiento, para que seáis llenos
(en todo tu ser) hasta la medida de toda la plenitud de Dios
(para que tengas la rica medida de la divina presencia y
llegues a ser un cuerpo íntegro lleno y rebosante del mismo
Dios).

Efesios 3:17-19

*Y la esperanza no desilusiona, porque el amor de Dios ha
sido derramado en nuestros corazones por medio del Espíritu Santo que nos fue dado.*

Romanos 5:5

*He aquí, en las palmas de mis manos te he grabado (he
esculpido tu figura)*

Isaías 49:16

Primera de Juan 4:16 fue clave para mí porque dice que
*hemos llegado a conocer y hemos creído el amor que Dios
tiene para nosotros.* Yo no era consciente ni sabía del amor
de Dios, por lo tanto, yo no ponía fe en el amor de Él hacia
mí.

Cuando el diablo me condenaba, yo no sabía cómo decir:
"Sí, he cometido un error" y entonces recurrir a Dios, pedirle
perdón, recibir su amor y seguir adelante. En cambio, me
pasaba horas, y hasta días, sintiéndome culpable por cada
pequeña cosita que hacía mal. ¡Estaba atormentada! Juan nos
dice que "en el amor no hay temor; sino que el perfecto amor
echa fuera el temor" (1 Juan 4:18). El amor de Dios por mí
era perfecto porque se basaba en Él, no en mí. Así que, aunque
yo fallara, Él me seguía amando.

El amor de Dios hacia ti es perfecto, e incondicional.
Cuando fallas, Él sigue amándote porque su amor no está
basado en ti sino en Él. Cuando fallas ¿dejas de recibir el amor
de Dios y empiezas a castigarte sintiéndote culpable y condenado? Durante cuarenta años me sentí mala y culpable. Yo
cargaba fielmente sobre mis espaldas la bolsa de culpabilidad
a todas partes. Era una carga pesada y siempre la llevaba
conmigo. Frecuentemente cometía errores y me sentía culpable por cada uno de esos errores.

En Romanos 8:33-35, el apóstol Pablo dice:

¿Quién acusará a los escogidos de Dios? Dios es el que justifica (eso es ¿quién nos coloca en una relacion correcta con él mismo? ¿Quién puede acusarnos o decir nada de los escogidos de Dios?) ¿Quién es el que condena? Cristo Jesús (el Mesías) es el que murió, sí, más aun, el que resucitó, el que además está a la diestra de Dios, el que también intercede por nosotros. ¿Quién nos separará del amor de Cristo?

Como puede ver, el objetivo del diablo es separarnos del amor de Dios porque el *amor de Dios es el factor primordial en la sanidad emocional*.

Hemos sido creados para amar. En Efesios 2:4-6 Pablo dice que Dios es tan rico en misericordia que nos salva y nos da lo que no merecemos para satisfacer las demandas de su *intenso* amor por nosotros. Piénselo. Dios quiere amarnos. Él *tiene* que amarnos. ¡Él *es* amor!

¡Usted y yo fuimos creados para amar! El pecado nos separó de Dios. Pero Dios nos amó tanto que envió a su único Hijo Jesús a morir por nosotros a redimirnos, a rescatarnos, para poder así derramar su amor sobre nosotros. Todo lo que tenemos que hacer es empezar a creer lo que dice la Biblia acerca de nuestra relación con Dios. Cuando lo hacemos, comienza el proceso sanador.

Durante el primer año en que mi esposo Dave y yo comenzamos el ministerio llamado "Life in the Word" (Vida en la Palabra) el Espíritu Santo me enseñó acerca del amor de Dios. Llevaba un cuaderno de apuntes donde registraba los hechos especiales que el Señor hacía por mí. Generalmente eran cosas pequeñas, personales, en donde el Señor manifestaba su cuidado. Así fue como empecé a ser más consciente de su amor incondicional. Me ayudó a recordar que Dios me amaba.

Si usted puede creer que Dios, que es perfecto, lo ama, entonces, podrá creer que usted es digno de amor.

Cuando usted comienza a creer que es aceptado y amado por Dios, entonces puede empezar a aceptarse y amarse a sí mismo. Entonces, no amará solo a Dios como respuesta, sino que comenzará a amar a otras personas.

Usted no puede dar lo que no tiene

Muchas personas reciben a Jesús e inmediatamente empiezan a tratar de amar a todo el mundo. Con demasiada frecuencia terminan sintiéndose condenados porque se dan cuenta de que no pueden. Es imposible amar de verdad a los demás sin recibir primero el amor de Dios, porque no hay amor allí para dar.

En el capítulo trece de 1 de Corintios, llamado con frecuencia el capítulo del amor, Pablo enfatiza esta verdad muy claramente. En el versículo 1 él define el amor como "esa intencional y razonada devoción *inspirada por el amor de Dios para con nosotros y en nosotros*". El capítulo completo está centrado en enseñarnos cómo caminar en amor, aunque bien claro dice que el amor primero debe estar en nosotros.

Mucha gente puede creer que Dios los ama cuando se lo merecen. Si surgen problemas creen que no se merecen el amor de Dios, pero lo necesitan desesperadamente.

Los siguientes cuadros ilustran los efectos sucesivos por recibir o no recibir el amor de Dios. Note que la creencia de que el amor de Dios hacia nosotros depende de si lo merecemos es un engaño que ocasiona *muchos* problemas en nuestra vida. Por otro lado, creer que Dios nos ama incondicionalmente nos da alegría y bendiciones.

La teoría Trickle-Down del amor incondicional

Jesús me ama; esto lo sé.

Él me ama incondicionalmente.

POR LO TANTO: Su amor por mí se basa en lo que Él es.

POR LO TANTO: No he ganado su amor y no puedo ganar su amor.

POR LO TANTO: No puedo separarme de su amor.

Cuando le obedezco, él me bendice.

Cuando le desobedezco, sufriré las consecuencias de mi conducta.

Puede que a él no le guste mi comportamiento, pero siempre me ama.

POR LO TANTO: Como he experimentado el amor de Dios, sé que soy querido.

POR LO TANTO: Como sé que Dios me ama, puedo creer que hay gente que también me puede amar.

POR LO TANTO: Ya que mis más básicas necesidades de amor y autoestima han sido satisfechas en Dios, no necesito que otras personas me "compongan".

POR LO TANTO: Ya que sé que soy una creación única y exclusiva de Dios, sé que el amor que tengo para dar vale la pena.

POR LO TANTO: Puedo confiar en la gente que me ama genuinamente

POR LO TANTO: Aunque tengo necesidades que busco sean satisfechas por otras personas, creo que esas necesidades están equilibradas y dadas por Dios (ejemplo: compañerismo, afecto, diversión) Trato de ser honesta al conseguir satisfacer esas necesidades y en pedir lo que necesito.

POR LO TANTO: No siento que tengo que actuar para la gente. Me amarán como soy o no me amarán. Para mí es importante ser amada por lo que soy.

POR LO TANTO: Puedo aceptar el amor que me da la gente.

POR LO TANTO: Espero que la gente sea honesta conmigo. Puedo tolerar la crítica o la confrontación, si son hechas en amor.

POR LO TANTO: Puedo dejar de pensar en lo que los demás piensen de *mí* y centrarme en los demás y en *sus necesidades*

POR LO TANTO: Puedo mantener relaciones saludables y duraderas en amor.

La teoría Trickle-Down del amor condicional

Jesús me ama, pero...
me ama condicionalmente.

POR LO TANTO: Su amor se basa en mi actuación.

POR LO TANTO: Tengo que ganarme su amor complaciéndolo

POR LO TANTO: Cuando lo complazco me siento amado. Cuando no lo complazco, me siento rechazado.

POR LO TANTO: Si Dios, que "es todo amor", no siempre me ama, me acepta y me valora

¿cómo puedo creer que soy valioso y digno de ser amado?

POR LO TANTO: No creo ser una persona de valía, digna de ser amada.

POR LO TANTO: No puedo confiar en la gente que dice que me ama. Sospecho de sus motivos o me imagino que todavía no conocen quién soy en "realidad".

POR LO TANTO: Uso los parámetros del mundo (dinero, estatus, vestimenta, etc.) para demostrarme a mí mismo y a los demás que soy *valioso*. Necesito caricias y reconocimiento de la gente para demostrarme a mí mismo y a los demás que soy *digno de ser amado*.

POR LO TANTO: Como no me amo como *soy*, no puedo esperar que los demás me amen tampoco. Cómo alguien va a amar a alguien que no tiene valor.

POR LO TANTO: No puedo aceptar amor de la gente; lo rechazo. Intento probar que estoy en lo correcto, que *no soy* digno de amar y que finalmente me rechazarán.

POR LO TANTO: Necesito una "nueva" cantidad de caricias todos los días sólo para poder pasar el día sintiéndome bien conmigo mismo.

POR LO TANTO: Intento ganarme su amor por lo que *hago*. No demuestro el deseo de amar sino de *ser amado*. Mucho de lo que hago está unido a *mi* yo por lo que, la gente que digo amar, no se siente amada. Se siente manipulada. Trato de evitar el rechazo en lugar de construir una relación de amor.

POR LO TANTO: Generalmente lo hacen.

POR LO TANTO: Busco que la gente me dé lo que sólo Dios puede darme: *autoestima*.

POR LO TANTO: Coloco demandas imposibles en la gente que me ama. Los frustro. Nunca estoy satisfecho con lo que me dan. No los dejo que sean honestos conmigo o que me confronten. Estoy centrado en mí. Y espero que ellos también se centren en mí

POR LO TANTO: No puedo mantener relaciones de amor duraderas y saludables.

Reciba el amor de Dios

Sugiero que usted se determine a recibir el amor de Dios. Aquí hay algunas sugerencias prácticas que lo ayudarán a hacerlo. Creo que todas estas cosas me las fue mostrando el Señor y serán de ayuda para usted también. De todas maneras, recuerde que todos somos especiales y únicos y que Dios tiene un plan personal e individual para cada uno.

No se pierda en los métodos.

1. Dígase a sí mismo, mentalmente y en voz alta: "Dios me ama". Dígalo y deje que las palabras penetren en usted. Repítalo con frecuencia, cuando se levante a la mañana, cuando se acueste a la noche y a lo largo del día. Mírese en el espejo, señálese, llámese por su nombre, diga:_____ , Dios te ama.

2. Lleve un diario, un libro de registro con las cosas especiales que Dios hace por usted. Incluya las pequeñas cosas así como las grandes. Lea la lista, por lo menos, una vez por semana y eso lo animará. Deje que este sea un proyecto del Espíritu Santo. Pienso que se va a divertir; yo me divertí.

3. Aprenda de memoria varios versículos que hablen acerca del amor de Dios.

4. Lea algunos buenos libros acerca del amor de Dios. Le recomiendo que comience con uno que yo escribí titulado *Tell Them I Love Them* (Diles que los amo).*[1]

5. Ore para que el Espíritu Santo, que es el Maestro, le revele el amor de Dios.

---

1. * También está disponible un casete con música y Escrituras titulado: "Healing the Brokenhearted" que le ayudará a tener una autoimagen saludable.

5

Aprenda a seguir al Espíritu Santo

Cuando la gente llega a la conclusión de que necesita sanidad emocional y que muchos de los problemas que enfrenta son el resultado de raíces malas originadas en el pasado, con frecuencia, están ansiosos por arrancárselas para sentirse bien.

Es comprensible, pero es importante dejar que el Espíritu Santo sea quien lo guíe y lo dirija en el proceso sanador. Dios ya envió a Jesucristo a la tierra y compró su completa sanidad. Una vez logrado eso, envió su Espíritu Santo para administrarle lo que había sido comprado con la sangre de su Hijo.

En Juan 16:7 Jesús les dice a sus discípulos que será mejor para ellos si se va al Padre, porque de lo contrario, el Consolador no vendría. El Consolador es el Espíritu Santo. Otros nombres para el Espíritu Santo son, Ayudador, Abogado, Intercesor, Fortalecedor y Fiel. Durante el proceso de su recuperación, tendrá que vivir todas las facetas del ministerio del Espíritu Santo.

Busque solamente el consejo divino

No vaya de un lado para el otro buscando el consejo de todo el mundo. Ore primero, pidiéndole al Señor si es su voluntad que recurra a otro ser humano para ser aconsejado o si Dios desea que lo consulte a Él.

Yo he tenido muchísimos problemas en mi vida, aunque no recurrí a nadie que me aconsejara, excepto en una ocasión. En esta ocasión visité a una señora en el ministerio quien había sido objeto de abuso. No es mi intención desacreditarla, pero ella no pudo ayudarme. No era culpa suya; simplemente, no estaba ungida por el Señor para ayudarme.

Dios no está obligado a ungir lo que Él no inició.

Con frecuencia, la gente corre hacia otras personas sin seguir la guía y el liderazgo del Espíritu Santo y eso nunca da fruto perdurable y bueno.

Cuando tenga problemas, vaya al Trono antes de ir al teléfono.

No quiero decir que esté mal buscar consejo. Estoy sugiriendo que ore y deje que el Señor lo guíe por medio del Espíritu Santo. Deje que Él escoja el consejero apropiado para usted. Solamente porque una persona haya pasado por lo mismo que usted está pasando, o porque es un amigo íntimo, no significa que ese individuo sea el consejero adecuado para usted. Por lo tanto, repito, ¡ore!

Definitivamente, *no* estoy diciendo que no busque consejo, porque yo no lo haya hecho. Todos tenemos personalidades diferentes. Yo tengo una personalidad fuerte, determinada, autodisciplinada y centrada en mi objetivo. Estos atributos me ayudaron para seguir adelante hacia mi meta, que era la integridad emocional. Otras personas pueden necesitar que las ayuden un poco en el proceso, alguien que las asista a establecer las metas y a mantenerse firmes para lograrlas.

Es vital seguir la dirección del Espíritu Santo. Él es el mejor Consejero. Tanto lo ayudará directamente como lo guiará a la persona que le ministrará. En ambos casos, usted deberá recurrir a Dios en busca de ayuda. Hasta el consejo que puedan darle los demás no tiene que ser *rhema* (revelación personal de Dios) para usted sin la ayuda del Espíritu Santo.

También es importante darse cuenta de que Dios tiene distintos llamados en nuestra vida. Como a mí me llamó a enseñar su Palabra, es mejor que reciba la verdad que necesito directamente deÉél. Pero, de todas maneras, esa no es la regla para todo el mundo.

El ministerio del Espíritu Santo

Otra razón por la cual es tan importante el ministerio del Espíritu Santo se encuentra en Juan 16:8, donde Jesús dice que el Espíritu Santo es quien convence de pecado, justicia y juicio.

Mucha gente que ha sido maltratada se siente avergonzada. (El tema de la vergüenza se discutirá en otro capítulo.) Se sienten mal consigo mismos. No se quieren y, por lo tanto, sufren mucha culpa y condenación.

El diablo es quien trae condenación; el Espíritu Santo da convicción. (Hay una diferencia. Acepto la convicción, pero resisto la condenación; y usted debería hacer lo mismo.) Solamente el Espíritu Santo, por medio de la palabra de Dios y su poder transformador, pueden convencer a una persona avergonzada que ha sido justificada con la sangre derramada por Jesucristo (2 Corintios 5:21).

En Juan 16:13, Jesús se refiere al Espíritu Santo como el Espíritu de Verdad y nos asegura que Él nos guiará *a toda verdad, a la verdad completa e íntegra*. En Juan 14:26 Él dice que el Espíritu Santo nos hará recordar. Estos dos aspectos del ministerio del Espíritu Santo son áreas mayores de asistencia mientras se encuentran en el proceso de recuperación por haber sido objeto de abuso. Estas personas tienen que salir de la negación y enfrentar la verdad. Puede que se hayan olvidado algunas cosas porque son demasiado dolorosas para recordarlas, cosas que habrá que recordar y enfrentar durante el proceso de sanidad.

Si la persona a cargo de la recuperación no está siendo guiada por el Espíritu, puede que lleve al sufriente demasiado rápido. Si se acelera el proceso será más doloroso de lo que la persona pueda soportar.

Recuerdo una niña que se me acercó para orar. Estaba muy emocionada y perturbada, casi al borde del pánico. Me empezó a decir que cada semana, cuando iba a ver a su consejera, aquellas entrevistas eran tan dolorosas que no las podía soportar. En su angustia, exclamó varias veces: "Es demasiado. Duele mucho. No lo puedo soportar".

Mientras ella hablaba yo oraba y le pedía al Señor que me ayudara para poder ayudarla. Me preocupaba que se pudiera poner histérica ahí mismo, en el altar. De repente, recibí una respuesta del Señor. Sentí que probablemente su consejera no era sensitiva al Espíritu y que estaba haciendo enfrentar a esta jovencita demasiado rápido con cosas que en su mente y en sus emociones, no las podía manejar.

Cuando le dije: —Escúchame, creo saber cuál es el problema —se calmó lo suficiente como para que le pudiera decir lo que Dios estaba diciendo. Al escuchar, se sintió un poco aliviada. Estuvo de acuerdo en que eso era lo que estaba pasando.

Durante mi propio proceso de sanidad, el Espíritu Santo me llevó a varias cosas diferentes. La primera fue un libro que mi esposo me sugirió que leyera. Era el testimonio de una mujer que había sido objeto de abuso en su niñez. Hasta ese momento, nunca había pensado que mis problemas tenían su origen en el pasado. Creía que todo el mundo tenía los mismos problemas.

Ese libro me resultó muy difícil de leer. Cuando aquella mujer comenzaba a describir en detalle cómo su padrastro abusaba sexualmente de ella, los recuerdos, el dolor, la ira y la rabia comenzaron a bullir en mí desde lo más profundo de mi ser. Tiré el libro al suelo y dije en voz alta: "¡No voy a leer esto!"

Entonces escuché que el Espíritu Santo me respondía: "Ya es hora".

Había intentado caminar con Dios por algunos años cuando ocurrió esto. ¿Por qué Él no me condujo a algo que me hubiese ayudado más pronto? Porque *todavía no era el momento*. El Espíritu Santo sabe el momento exacto. Siempre digo: "solamente el Espíritu Santo sabe cuándo estamos listos para hacer determinada cosa". En otras palabras, el Espíritu del Señor es el Único que sabe lo que llevará ayudarle y cuándo esté listo para recibir la ayuda.

Puede que le llegue por un libro, un orador o un amigo que diga justo lo que usted necesita escuchar en ese momento. O puede venirle por medio del testimonio personal o hasta puede que el mismo Señor trabaje con usted, personalmente. Hoy puede ser el día señalado por Dios para usted, mientras lee *este* libro. Si es así Dios usará el libro en algún área donde usted está sufriendo actualmente. Esto puede ser el comienzo de su recuperación, el próximo paso en el proceso o hasta el toque final en su ardua lucha por sanidad.

Mucha gente que me viene a pedir oración para sanidad emocional, está preocupada y hasta perturbada porque hay porciones de su infancia que no pueden recordar. Han estado en lo que yo llamo "expediciones profundas", tratando de sacar a la superficie recuerdos olvidados para poder enfrentarlos, abordarlos, y resolverlos. Me complace poder decirle a esta gente que hay porciones de mi pasado que no me acuerdo. Es más, casi toda mi infancia parece estar llena de páginas en blanco.

A esas personas les recuerdo que el Espíritu Santo nos guía a toda verdad y puede hacernos recordar muchas cosas. Pero debemos dejarlo que sea Él quien guíe en esas áreas sensibles. Le he dado el control de mis recuerdos. Creo verdaderamente que si el recuerdo de algo de mi pasado me va a servir de ayuda, entonces lo recuerdo. Si no me va a ayudar, es innecesario o será doloroso para mí recordarlo, entonces, estoy agradecida de no acordarme. Creo que a veces, lo que no sabemos no nos hace sufrir.

Obviamente, no siempre este es el caso. Muchas veces la gente experimenta un gran alivio recordando algún suceso traumático y una vez resuelto sigue adelante con su vida. A veces, si los recuerdos han sido tapados a propósito y "enterrados" profundamente en la mente, pueden envenenar a toda la persona. En ese caso, el recuerdo tiene que salir a la luz para restablecer la sanidad. Una vez más, es importante recordar que si el proceso no se realiza con el liderazgo y la guía del Espíritu Santo, puede ser doloroso y hasta causar más daño a las ya heridas emociones.

El Espíritu Santo es amable, tierno, considerado, suave, amoroso y paciente. Pero, a la vez, es poderoso y asombroso y puede hacer lo que el hombre no puede hacer por sí mismo. El salmista dice: *Si el Señor no edifica la casa, en vano trabajan los que la edifican; si el Señor no guarda la ciudad, en vano vela la guardia* (Salmo 127:1) Me pasé muchos años de mi vida andando y trabajando en vano. Lo animo para que usted no se pase los mejores años de su vida tratando de "hacerlo usted mismo". Busque a Dios y su plan para su recuperación. Él lo llevará paso a paso, y usted será transformado "de gloria en gloria" (2 Corintios 3:18)

6

Dolor

Aunque se deje guiar al Espíritu Santo, la sanidad emocional sigue siendo dolorosa si usted permite que el Espíritu del Señor dirija su recuperación, siempre Él estará presente para darle la fortaleza que necesita en cada fase del proceso, y así podrá soportar cualquier tribulación a la que se enfrente.

Aunque el Señor nos ha prometido no abandonarnos ni desampararnos (Hebreos 13:5), cuando nos adelantamos a Dios tratando de hacer "las cosas a nuestra manera", estamos en terreno peligroso. Nuestro Padre celestial no tiene la obligación de sostenernos en aquellos problemas que nunca estuvieron en sus planes con relación a nosotros. Puede que sobrevivamos, pero el proceso acarreará mucha más lucha que la necesaria.

El dolor de las heridas emocionales y la sanidad puede llegar a ser más traumática que el dolor físico. Cuando usted sigue el plan revelado de Dios y se enfrenta a momentos de dolor, recuerde que el Espíritu Santo es el Fortalecedor. A veces, le parecerá que no lo logrará. En esos momentos, pídale al Señor que lo fortalezca.

Para estos momentos difíciles existe una Escritura para memorizar en la que el apóstol Pablo nos recuerda:

No os ha sobrevenido ninguna tentación que no sea común a los hombres (ninguna tentación o prueba le ha venido a usted que esté más allá de la tolerancia humana y que no se adapte o ajuste o pertenezca a la experiencia humana, como para que el hombre no la soporte); fiel es Dios (a su Palabra y a su naturaleza compasiva) que no permitirá que vosotros seáis tentados más allá de lo que podéis soportar, sino que con la tentación proveerá también la vía de escape (los medios para salir), a fin de que podáis resistirla.

1 Corintios 10:13

En los momentos difíciles aparecen muchas tentaciones. Entre ellas, la tentación de rendirse y volver a los viejos pensamientos y formas, volverse negativo, deprimirse y enojarse con Dios porque usted no entiende el motivo por el cual Él parece no proveer la salida a todo el dolor que usted ha tenido que padecer a lo largo de su vida. Aunque este pasaje de las Escrituras dice que Dios siempre va a intervenir a nuestro favor y que su ayuda siempre llega a tiempo. ¡Propóngase retenerla y no la suelte!

Otro pasaje que ayuda se encuentra en 2 Corintios 12:7-9 donde Pablo se refiere a su propio sufrimiento debido a lo que él llama "el aguijón en la carne". En realidad no interesa qué clase de aguijón era. Sea lo que fuere, Pablo le pidió tres veces a Dios que se lo quitara. Pero la respuesta de Dios fue: *Te basta mi gracia (mi favor y mi amante bondad y misericordia), pues mi poder se perfecciona (es suficiente contra cualquier peligro y te permite soportar el conflicto) en la debilidad* (v.9).

No siempre somos liberados de nuestra angustia en el preciso momento en que clamamos al Señor. A veces, debemos soportar un tiempo, ser pacientes y constantes en la fe. Gracias a Dios que en esos momentos en los que el Señor escoge, por cualquier razón que sea, no librarnos enseguida, siempre nos da la gracia y la fuerza que necesitamos para seguir adelante hasta la victoria final.

¿Alguna vez se preguntó *por qué* Dios no siempre nos libera de nuestras ataduras y problemas inmediatamente? La razón es que sólo el Señor sabe todo lo que hay que hacer en la vida de sus hijos, y el momento apropiado para hacerlo.

He aprendido por experiencia propia a confiar en vez de cuestionar. No está mal preguntarle a Dios por qué siempre y cuando eso no produzca confusión; en ese caso, es mucho mejor confiar en el Señor sabiendo que Él nunca se equivoca ¡y que nunca llega tarde! Generalmente entendemos el motivo cuando la situación ya ha pasado y podemos pararnos del otro lado, mirando hacia atrás. Hay muchas experiencias que viví en mi vida que no las entendí mientras me sucedieron. Pero ahora, he llegado a comprender algo de su propósito y significado.

Pasar por problemas es doloroso. En mi ministerio, siempre comparto con la gente que el libro de Apocalipsis dice que los hermanos vencieron al diablo *"por la sangre del Cordero, y por la palabra del testimonio de ellos"* (Apocalipsis 12:11). Hemos vencido por la sangre del Cordero y por la palabra de nuestro testimonio. Un testimonio de victoria en cualquier área de la vida, es importante. Pero, para tener un testimonio positivo, hay que haber vencido triunfalmente alguna oposición o situación difícil. La parte más dolorosa es mientras estamos pasando por la prueba o la tentación; la parte gloriosa viene una vez pasada la tribulación y entonces se puede testificar acerca de la gran victoria y la gran fidelidad de Dios.

Entradas de dolor

Debido a que he sufrido mucho emocionalmente, tanto como usted, estaba harta de sufrir. Quería encontrar sanidad siguiendo la dirección del Espíritu Santo. Pero, honestamente, no podía entender por qué el proceso tenía que ser tan doloroso. Sentía que si tenía que seguir soportando el dolor, necesitaría alguna respuesta del Señor. Estaba progresando, me sentía mejor, ganando victorias en distintas áreas, pero, parecía que cada vez que avanzaba, el Señor me colocaba en una nueva fase de recuperación que siempre significaba más sufrimiento y perturbación emocional.

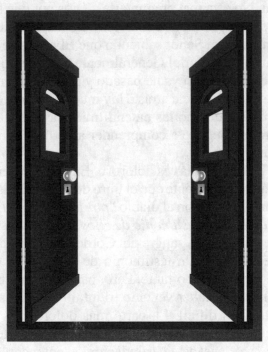

La entrada al dolor

Al orar acerca de mi situación, el Señor me dio una visión. En mi corazón vi una serie de puertas, una detrás de la otra. Cada una representaba un suceso traumático de mi vida pasada que me había dolido en el momento de producirse. El Señor me mostró que cada vez que pasaba por un acontecimiento doloroso (abuso sexual en casa, haber sido ridiculizada en la escuela por estar excedida de peso, no poder tener amigos, estar siempre con miedo, haber sido abandonada por mi marido, haber sido traicionada por un grupo de amigos de la iglesia, y así sucesivamente) era una nueva entrada de sufrimiento.

Recuerdo vívidamente la angustia del abuso, el miedo, el rechazo, el abandono y la traición, lo mismo que usted, si ha sido víctima de estas cosas que esclavizan a las personas.

Cuando finalmente dejé que el Señor comenzara a trabajar en mi vida, Él me reveló que me había estado escondiendo detrás de esas "entradas de dolor" estaba *profundamente* atada, refugiándome detrás de falsas personalidades, apariencias y fachadas. Sencillamente, no sabía cómo liberarme. Cuando el Señor comenzó a sacarme de todas esas ataduras, dolió.

Lo que me hizo entender que cuando la gente empieza a ser guiada para salir de la esclavitud hacia la libertad, para salir tienen que pasar por las mismas entradas de dolor, o similares, por las que entraron. Eso es para que estén del otro lado de sí mismos. Para liberar y sanar, el Señor nos enfrenta con realidades, gente y verdades que nos resultan difíciles, si no imposibles, de enfrentar por nosotros mismos.

Permítame compartir algunos ejemplos.

Ejemplo uno

Yo estaba aterrorizada de mi padre. A pesar de ser una mujer de cuarenta años y tener cuatro hijos, yo seguía teniéndole miedo. Muchos sucesos dolorosos me habían colocado en esa situación. El Señor me había dicho que tenía que enfrentar a mi padre, mirarlo a los ojos y decirle: *"Ya no te tengo miedo"*. Lo hice en obediencia y por fe, pero no sin "temor y temblor" (Filipenses 2:12). Había llegado a estar cara a cara ante una de las entradas de dolor. Sabía que podía pasar por ella y salir libre del otro lado o podía quedarme detrás de la puerta, escondida y seguir sufriendo de miedo para siempre de mi propio padre.

Recuerde: *Confronté la causa primaria de mi dolor porque el Espíritu Santo me guió a hacerlo; usted no lo haga simplemente porque yo lo hice.*

Ejemplo dos

A veces la gente sufre en la iglesia a causa de otro cristiano. Creemos que los creyentes no debieran lastimar a otros creyentes... y no debieran hacerlo. Pero las cosas son distintas a lo que debieran ser, aun en las vidas del pueblo de Dios. En la iglesia nos lastimamos los unos a los otros y eso produce dolor.

Frecuentemente, cuando sucede, la parte lastimada se retira de cualquier asociación o participación con aquellos que le causaron dolor. Escondido detrás de la entrada, el herido decide: "como me lastimaron en la iglesia, (puede) que siga yendo a los servicios pero nunca me involucraré de nuevo con esa gente". Esa es una forma de atadura porque la persona está dejando que el pasado la controle.

Dios nos traerá a un lugar en el cual nos pararemos fuera del escondite y correremos el riesgo de ser lastimados de nuevo. Cuando salimos del escondite, es como si volviésemos a pasar por la entrada del dolor que nos llevó a la esclavitud.

Ejemplo tres

Para algunas personas es muy difícil someterse a la autoridad. Para mí era extremadamente doloroso. Por haber sido maltratada por toda figura de autoridad conocida, mi actitud era: "¿Por qué voy a permitir que los demás me digan lo que tengo que hacer?" No confiaba en nadie, especialmente en los hombres.

Cuando el Espíritu Santo me llevó a la fase de mi recuperación en la que tenía que someterme a mi marido ¡se acabó la batalla! Sentí una terrible rebelión en mi carne. Quería ser sumisa porque creía, verdaderamente, que era bíblico, pero el dolor a la sujeción era mayor al que podía manejar.

No sabía qué pasaba conmigo. Ahora me doy cuenta de que someterme a alguien y dejar que esa persona tomara decisiones por mí me recordaba los viejos temores y recuerdos de ser manipulada y de aprovecharse de mí. Teniendo a mi padre (una figura de autoridad) tratando de decirme que las decisiones dolorosas que él hacía eran para mi bien y odiando todo el tiempo lo que me hacía, combinado con la frustración de ser incapaz de hacer nada al respecto, no me dejaba tranquila en cuanto a la sumisión.

Para poder liberarme y llegar a ser la persona completa que Dios quería que fuese, tenía que aprender a someterme a mi marido. Como muchos cristianos, creía que la Escritura enseñaba sobre la sumisión de la esposa y los hijos al marido y padre como cabeza del hogar era el plan revelado de Dios para la familia. Estaba convencida de que este principio está en su Palabra y que por lo tanto no tenía opción sino la de someterme, o estar en rebeldía contra el Señor. ¡Pero, ciertamente, era doloroso! Ahora bien, yo soy libre y puedo ver la seguridad en la sujeción *santa*.

Nota: Mucha gente se confunde acerca de la sujeción. Creen que tienen que hacer todo lo que la autoridad les diga que hagan, no importa lo que sea. La Biblia dice que debemos someternos solamente si *como conviene en el Señor* (Colosenses 3:18).

Espero que estos ejemplos le ayuden a entender la "entrada del dolor" y cómo debe enfrentarla. No las mire como la entrada al sufrimiento sino como el umbral de recuperación. Jesús siempre estará con usted para guiarlo y fortalecerlo al pasar por estas entradas hacia la plenitud.

Recuerde: *El dolor es realmente parte del proceso sanador.*

Otro ejemplo que me dio el Señor es el de la rodilla pelada. Si una persona se cae en un piso de cemento y se pela la rodilla, le dolerá. Al día siguiente, puede que le duela más que cuando la herida estaba fresca. Ya para entonces se le estará formando una cascarita, lo que significa que su cuerpo está en proceso de sanidad. Pero, a pesar de tener la herida protegida con la cascarita, le supura y le arde debido a que la sangre afluye a la herida para sanar el área afectada.

Piense en ello. Una herida duele, pero generalmente, el proceso sanador duele más. Aunque no es el mismo tipo de dolor, tampoco tiene el mismo resultado. Las heridas emocionales de algunas personas han quedado ignoradas tanto tiempo que se han infectado. El tipo de dolor es completamente diferente del dolor de la sanidad. Hay que evitar uno y aceptar el otro.

¡Sin dolor no hay mejoría!

Permítame compartir con usted una excelente pieza de sabiduría que aprendí de mi experiencia personal: *¡No le tema al dolor!* Extraño como parezca, cuanto usted más le tema y lo resista, más aumenta su efecto en usted.

Años atrás, hice un ayuno por primera vez en mi vida. Dios me llamó a hacer un ayuno de jugo durante veintiocho días. Al principio fue muy, pero muy difícil. Me moría de hambre. Es más, estaba tan famélica que sentía dolor. Mientras le clamaba al Señor reclamándole porque ya no podía soportar más, Él me contestó. En lo más profundo de mi ser escuché el "susurro apacible" (1 Reyes 19:12) del Señor diciéndome: *deja de luchar contra el dolor; deja que siga su proceso.* Desde ese momento, el ayuno fue mucho más fácil, hasta lo disfruté porque sabía que cada vez que me sintiera incómoda, era un signo de progreso.

La regla es que cuanto más se resiste el dolor, más duele. Cuando una mujer embarazada empieza con el trabajo de parto, se le recomienda que se *"relaje"*. Los asistentes saben que cuanto más resista el dolor, más fuerte será y más tiempo durará el trabajo de parto.

Cuando usted está pasando por momentos difíciles, cuando el dolor es tan severo que parece que no lo puede soportar más, recuerde Hebreos 12:2: *Puestos los ojos (sin mirar nada que distraiga) en Jesús, el autor y consumador de la fe, (dándonos el primer incentivo para creer) quien por el gozo puesto delante de Él (de ganar el premio) soportó la cruz, menospreciando la vergüenza y se ha sentado a la diestra del trono de Dios.*

La perseverancia produce gozo

Los que siembran con lágrimas, segarán con gritos de júbilo.

Salmo 126:5

Cuando usted esté sufriendo, no luche. Deje que el dolor cumpla su propósito.

¡Aprenda a soportar lo que sea sabiendo que hay gozo del otro lado!

¿Por qué no? De todos modos, ya que usted está sufriendo, recoja el beneficio completo de ese sufrimiento. Mientras permita que el abuso del pasado lo mantenga esclavo, vivirá en un constante sufrimiento. Por lo menos, el dolor del proceso sanador produce resultados positivos: gozo en lugar de miseria.

Deje que su dolor lo saque de la esclavitud y no que lo esclavice más. Haga lo correcto, aunque sea difícil. Obedezca a Dios y siga la dirección del Espíritu Santo sabiendo que: *el llanto puede durar toda la noche, pero a la mañana vendrá el grito de alegría. (Salmo 30:5).*

7

La única salida es seguir hasta el final

En una de nuestras reuniones, una señora pasó al frente pidiendo liberación de cierta atadura. En cuanto comencé a orar por ella, comenzó a llorar. Enseguida tuve una visión de ella, colocada en una pista, como en una carrera. Lo que vi era que cada vez que ella corría en dirección a la meta, a mitad de camino, volvía de nuevo al punto de partida.

Después de un tiempo, se repetía el proceso. Eso sucedía repetidas veces. Le dije lo que había visto y que creía que Dios le estaba diciendo: "Esta vez, *tienes que llegar hasta el final*". Al decirle esto, inmediatamente estuvo de acuerdo en que Dios le estaba hablando. El problema era que, aunque avanzaba un poco en la sanidad emocional, se daba por vencida al estar bajo presión. Ahora estaba determinada a ver que el proceso llegara hasta la victoria completa.

Recuerde esto: Es más difícil llegar al final que comenzar.

Verdaderamente, no existen métodos rápidos de sanidad para las emociones. En 2 Corintios 3:18 el apóstol Pablo habla de los cristianos que "son transformados de gloria en gloria". Si usted está pasando por el difícil proceso de sanidad emocional, lo animo a disfrutar el grado de "gloria" en que se encuentra actualmente mientras avanza hasta el próximo nivel.

Mucha gente convierte en una odisea tremenda el proceso de sanidad emocional, a tal punto que nunca disfruta ningún aspecto de la misma. No se permita ser tentado mirando todo lo que le falta. ¡Mire todo lo que ha logrado! Adopte esta actitud:

No estoy donde tengo que estar,
    pero, gracias a Dios, no estoy donde estaba,
        estoy bien y estoy encaminado.

Recuerde: ¡tiene que vivir su vida mientras está en el proceso de sanidad!

Siga adelante

En algunos aspectos, el crecimiento espiritual se podría comparar con el crecimiento físico. Pienso que se podría decir que mucha gente no disfruta a sus hijos mientras los está criando. En cada etapa de crecimiento los padres desean que sus hijos alcancen la próxima. Si el niño gatea, quieren que camine, que deje los pañales, que vaya a la escuela, que se gradúe, que se case, que tengan hijos y así sucesivamente.

Tenemos que aprender a disfrutar cada etapa de la vida como viene porque cada una tiene alegrías y problemas únicos. Como cristianos, estamos creciendo durante toda la vida. Nunca dejamos de progresar. Tome ahora mismo la decisión de disfrutar de usted mismo mientras se esfuerza por alcanzar cada nuevo nivel de victoria.

En Deuteronomio 7:22, Moisés les dijo a los hijos de Israel que el Señor echaría fuera todos sus enemigos "de a poco". Entre cada victoria en nuestra vida, hay un período de espera. Durante este tiempo, el Espíritu Santo trabaja con nosotros, dándonos nueva revelación, ayudándonos a enfrentar y recibir mayores verdades. Generalmente, la espera es difícil para casi la mayoría de nosotros debido a que siempre está presente la impaciencia para hacernos sentir insatisfechos. ¡Queremos todo *ahora*!

La promesa que se obtiene con paciencia

Por tanto, no desechéis vuestra confianza, la cual tiene gran recompensa. Porque tenéis necesidad de paciencia, para que cuando hayáis hecho la voluntad de Dios, obtengáis la promesa. Porque dentro de muy poco tiempo (un poquito más), el que ha de venir vendrá y no tardará.

Hebreos 10:35-37

De acuerdo a este pasaje, vemos que necesitamos tener fe, paciencia y perseverancia para recibir el resultado final que es el cumplimiento de las promesas.

En Hebreos 6:11 leemos: *Pero deseamos (firmemente) que cada uno de vosotros muestre la misma solicitud hasta el fin (durante todo el proceso), para alcanzar la plena seguridad de la esperanza.*

Puede ver que para poder *salir*, usted tiene que *pasar*.

En Isaías 43:1-2, el Señor advierte a su pueblo:

No temas ... te he llamado por tu nombre; mío eres tú. Cuando pases por las aguas, yo estaré contigo, y si por los ríos, no te anegarán,; cuando pases por el fuego, no te quemarás, ni la llama te abrasará.

En el Salmo 23:4, dice David del Señor: *aunque pase por el valle de sombra de muerte, no temeré mal alguno, porque tú estás conmigo; tu vara y tu cayado me infunden aliento.*

Con frecuencia, la persona que tiene raíces de abuso termina teniendo fortalezas en su mente y en su carne que deben pasar por el valle de sombra de muerte si quieren derribarlas y destruirlas (2 Corintios 10:4).

Por ejemplo, como resultado de haber sido objeto de abuso por mucho tiempo, yo desarrollé una personalidad muy independiente. No confiaba en nadie. Desde muy temprana edad llegué a la conclusión de que si yo me ocupaba de mí misma y nunca le pedía nada a nadie, entonces, sufriría menos. A medida que el Señor me fue mostrando que tener una actitud independiente no era bíblico, tuve que "pasar por el valle de sombra de muerte". En otras palabras, tuve que dejar que la vieja naturaleza (parte de la antigua Joyce) fuera a la cruz y muriera.

La tentación es huir de los problemas, pero el Señor dice que tenemos que *pasar* por ellos. La buena noticia es que Él nos ha prometido que no estaremos solos. Él siempre estará a nuestro lado para ayudarnos en todo. Él nos dice: "No temas; yo estoy contigo".

Cuando comenzamos el viaje a la integridad en el Señor, todos estamos atados interiormente. Pero en la medida en que lo dejemos, Él empezará a enderezar nuestra vida desatando "un nudo a la vez".

Jesús les dijo a algunos de sus primeros discípulos: "Yo soy el camino, síganme". Cuando usted decide seguir a Jesús, enseguida se da cuenta de que no vuelve a tener temor. Su camino es siempre recto hacia adelante hasta llegar a la meta. No sea como esa mujer que me pidió oración, aquella que se quedaba a mitad de camino en la carrera. Por difícil que parezca, tome la determinación de permanecer en carrera hasta *el fin*.

8

Culpa y vergüenza

La vergüenza no debe confundirse con la culpa y la condenación. La culpa es un gran problema en nuestra sociedad porque hay mucha gente que la padece. El diablo quiere que todos nos sintamos *mal* con nosotros mismos. Jesucristo dio su vida para que fuésemos justificados, o, como me gusta escribirlo, *justificados.*

Fuimos creados por Dios para sentirnos bien y justos con respecto a nosotros mismos. Pero, debido a la presencia del pecado en el mundo, y a la naturaleza pecadora heredada por el ser humano, no podemos *hacer* todo bien. Cuando aceptemos a Jesús como nuestro Salvador, Él nos imparte o nos da el don de ser justos. Por fe, estamos justificados ante Dios.

En 2 Corintios 5:21 el apóstol Pablo nos dice lo que Dios hizo por nosotros: *Al que no conoció pecado, le hizo pecado por nosotros, para que fuéramos hechos justicia de Dios (lo que debemos ser, aprobados y aceptos y en buena relación con él por su bondad) en Él.*

Dios envió a Jesús para redimirnos (pagando para rescatarnos del diablo a quien nos habíamos vendido como esclavos del pecado), para restaurarnos (para hacernos como se suponía que fuésemos en el principio). Fuimos creados

—y redimidos— por Dios para justicia, sin vergüenza, culpa o condenación.

No hay condenación en Cristo

Por consiguiente, no hay ahora condenación (culpa o error) para los que están en Cristo Jesús, los que no andan conforme a la carne, sino conforme al Espíritu.

Romanos 8:1

Por supuesto que si seguimos la dirección del Espíritu Santo, nunca haremos nada mal, por lo que la culpabilidad no tiene cabida como para echar raíces. Pero, como somos humanos, nadie está exento de cometer errores. Como señalara nuestro Señor en Mateo 26:41: *el espíritu, a la verdad, está dispuesto pero la carne es débil.*

¿Cómo podemos entonces vivir libres de culpa si no podemos actuar perfectamente como desearíamos? Andando en el Espíritu. Pecamos cuando nos apartamos del Espíritu. Los sentimientos de culpa y condenación son resultado del pecado. El diablo ve una hendidura y enseguida saca ventaja. El momento de la tentación es un punto crucial para lidiar si es que queremos vivir sin culpa.

Una vez que hayamos cedido a la tentación y caído en pecado, en vez de intentar restaurarse usted mismo haciendo buenas obras, lo que es andar en la carne, pruebe volverse hacia el Espíritu. (En primer lugar, usted pecó porque se apartó del Espíritu.) Si continúa siguiendo a la carne, se sumergirá más y más en problemas y conflictos. Vuélvase y siga al Espíritu, permitiendo que Él lo conduzca y lo guíe para corregir su situación. El Espíritu siempre tiene la respuesta correcta para cada problema.

Por ejemplo, el Espíritu lo guiará al arrepentimiento, lo que produce perdón de parte de Dios. *Si confesamos (libremente) nuestros pecados, Él es fiel y justo (debido a su propia naturaleza y promesas) para perdonarnos los pecados y para limpiarnos de toda maldad (todo lo que no está en conformidad con su voluntad de propósito)* 1 Juan 1:9.

La carne nos conducirá a obras que se supone nos harán ganar el favor de Dios. La carne siempre intenta reparar los errores en vez de recibir simplemente el don de Dios de su perdón y restauración.

Aborde la culpa

El Señor me dio una gran revelación acerca de la culpa. Me sentía culpable desde que tenía memoria. La culpa era mi constante compañera. Íbamos juntas a todas partes. Comenzó a muy temprana edad en mi vida, cuando fui objeto de abuso sexual. Aunque mi padre me decía que lo que me estaba haciendo no estaba mal, igual yo me sentía sucia y culpable. Por supuesto, cuando fui más mayor supe que estaba mal, pero no tenía manera de pararlo; la culpa continuaba y crecía.

¿Qué es la culpa? ¿Qué se siente? La culpa es una pesadez, una carga insoportable que deprime el espíritu. Jesús es nuestra gloria y quien *levanta* nuestra cabeza (Salmo 3:3). Satanás es nuestro acusador (Apocalipsis 12:10). Él quiere derribarnos. La culpa hace que todo se vea oscuro y pesado. Nos hace sentir hastiados y débiles. En realidad, consume nuestra energía y socava la fuerza que necesitamos para resistir al pecado y a Satanás. El resultado es que la culpa y la condenación incrementan el pecado.

Creo que yo era adicta a la culpa. ¡No recuerdo haberme liberado nunca de la culpa! Aunque no hiciera nada particularmente malo o pecaminoso, siempre encontraba algo que me hacía sentir *mal*.

Por ejemplo, un día estaba haciendo compras con mi constante compañera: la culpa. No recuerdo qué fue lo que hice mal esta vez, tampoco importa, siempre había algo. Estaba por salir del auto para entrar en un negocio cuando el Espíritu Santo me dijo: "Joyce, ¿cómo piensas recibir perdón por este pecado?" Yo sabía la respuesta correcta. "Aceptaré el sacrificio que hizo Jesús por mí al morir en el Calvario", le contesté. Podemos saber la respuesta correcta (tener conocimiento intelectual) pero no aplicarlo a nuestra propia situación. El Espíritu Santo continuó diciéndome: "Ya veo Joyce ¿y *cuándo* vas a aceptar el sacrificio de Jesús?" ¡Una nueva revelación comenzó a brillar delante de mí! En ese momento supe que podía esperar dos o tres días, *sintiendo* bastante culpa y luego aceptar el perdón de Dios o, podía recibir ese perdón en ese mismo momento.

Siempre pedía perdón de mis pecados enseguida, pero nunca lo recibía hasta después de haber *sentido* que había sufrido suficiente como para pagar. Dios me hizo ver lo que estaba haciendo, cuánto dolor innecesario me estaba haciendo a mí misma. Hasta me hizo notar que lo que estaba haciendo ofendía a Jesús, que en esencia estaba diciendo: "Señor, el sacrificio de tu vida y tu sangre fue bueno pero no suficiente. Tengo que agregar mi obra de sentimientos de culpa antes de ser perdonada".

Ese mismo día comencé a sentirme libre de culpa y condenación. Le encomiendo que haga usted lo mismo. Recuerde: ¡la culpa no sirve para nada! No se logra nada, excepto lo siguiente:

1. La culpa le drena la energía y hasta puede enfermarle tanto física como mentalmente.

2. La culpa interfiere en la relación con Dios. Hebreos 4:15-16 dice: *Porque no tenemos un Sumo Sacerdote que no pueda compadecerse de nuestras flaquezas, sino uno que ha sido tentado en todo como nosotros, pero sin pecado. Por tanto, acerquémonos con confianza al trono de la gracia*

(el trono del favor inmerecido de Dios para con nosotros, pecadores) para que recibamos misericordia (por nuestras fallas) y hallemos gracia para la ayuda oportuna (la ayuda a tiempo, la que viene justo en el momento que la necesitamos).

3. La culpa, como obra de la carne, proclama que usted está pagando por su pecado.

4. La culpa drena su energía espiritual. Lo deja débil e incapaz de resistir los nuevos ataques del enemigo. La victoriosa lucha espiritual requiere el uso de "la coraza de justicia" (Efesios 6:14). La culpa lo lleva a pecar más.

5. La culpa ejerce tal presión sobre usted que le resulta difícil llevarse bien con la gente. Es casi imposible vivir con la carga de la culpa y seguir funcionando con el fruto del Espíritu (Gálatas 5:22-23).

Seguramente, después de leer esta lista de culpa, se dará cuenta de que es bueno renunciar a la culpa. ¡Suéltela! Es del diablo y lo que quiere es impedir que usted disfrute la vida y la relación con el Señor. Si usted tiene mucho problema en este área de la culpa, necesitará pedirle a alguien que ore por usted. Si su fe es lo suficientemente fuerte, ore usted mismo. Pero la culpa roba fe. Si usted ha vivido por mucho tiempo bajo una carga pesada de culpa y condenación, su fe necesitará ser fortalecida. Busque la ayuda que necesite. Niéguese a seguir viviendo aplastado bajo la carga de la culpa y la condenación.

¿Y con respecto a la vergüenza?

Ahora que tenemos un entendimiento mayor acerca de la culpa, prestemos atención al tema de la vergüenza.

Existe una vergüenza que es normal y saludable. Si pierdo o rompo algo que le pertenece a otra persona, me siento avergonzada de mi error. Desearía no haber sido tan descuidada o negligente. Lo lamento, pero puedo pedir perdón, recibirlo, y seguir adelante con mi vida. La vergüenza saludable nos recuerda que somos seres humanos con debilidades y limitaciones. ¿Qué quiere decir Génesis 2:25 al declarar que en el jardín del Edén, Adán y Eva estaban desnudos y no se avergonzaban? Además de no usar nada de ropa, creo que quiere decir que eran totalmente honestos y abiertos el uno con el otro, sin esconderse detrás de ninguna máscara, sin jugar ningún juego. Eran completamente libres para ser ellos mismos porque no tenían vergüenza. Pero después de cometer pecado, se escondieron (Génesis 3:6-8).

La gente tendría que sentirse totalmente capaz de disfrutar libertad entre sí y con Dios, pero son muy pocos los que lo hacen. La mayoría de la gente aparenta lo que no es. Presentan falsas personalidades y se esconden detrás de ellas. Actúan como si no sufrieran cuando están heridos, o aparentan no necesitar a nadie cuando lo necesitan.

Existe una *vergüenza ponzoñosa* que puede afectar drásticamente la calidad de vida de una persona. Esto ocurre cuando un individuo que ha sido maltratado o ha sido objeto de abuso empieza a internalizar la vergüenza que siente. No sólo siente vergüenza por lo que le han hecho, sino que siente *vergüenza de sí mismo* por haber sido avasallado. Ese individuo toma la vergüenza como el nudo central de su ser. Todo en su vida se envenena por sus emociones, por lo que se convierte en una persona vergonzosa. En una época yo era esa clase de persona, pero no sabía que tenía vergüenza de mí misma. Veía los resultados de la vergüenza en mi vida y trataba infructuosamente de lidiar con el fruto en vez de hacerlo con la raíz. La definición de la palabra "vergüenza" (por implicación) citada en Génesis 2:25 es: *estar desilusionado, demorado*... maldito".

La palabra "maldito" significa estar frustrado o confundido. El diccionario define el verbo "maldecir" como: "irritarse contra" "confundir", " condenar". "Condenar un destino infeliz", "criticar negativamente", "causar la ruina de", "hacer fracasar".

Si usted se toma el tiempo para analizar estas definiciones, descubrirá que la raíz de su problema es la vergüenza.

Aborde la vergüenza

Permítame explicar algo en relación con la vergüenza de acuerdo con mi propia experiencia. Mi vida estaba llena de confusión porque estaba tratando desesperadamente de hacer las cosas bien (para poder "sentirme bien"), pero por mucho que lo intentara, siempre fracasaba. Era como si estuviese *predestinada* a fracasar. De todas maneras, no fracasaba en todo. Tenía éxito en la esfera social y en algunas otras áreas, pero fracasaba en el comportamiento cristiano. Siempre me sentía derrotada porque por mucho que lograra exteriormente, igual me seguía sintiendo mal conmigo misma interiormente.

¡Sentía vergüenza de mí misma!

No me gustaba la persona que era. No me gustaba mi personalidad básica. Constantemente rechazaba mi propia personalidad y trataba de ser una persona diferente, que no podía llegar a ser. (Discutiré este tema más a fondo en otro capítulo.)

Miles y miles de cristianos se pasan la vida en esta lamentable condición, viviendo lejos, muy lejos de la posición de justicia heredada por Dios y de la cual somos coherederos con Cristo (Romanos 8:17). Lo sé por que yo era una de ellas. Fue un día maravilloso aquel en que el Espíritu Santo me guió para entender que la vergüenza era la raíz de muchos de mis problemas. Hay promesas en la palabra de Dios que nos aseguran que podemos ser liberados del sentimiento de vergüenza. Por ejemplo, en Isaías 61:7:

*de vuestra vergüenza (pasada) tendréis doble por-
ción, y en vez de humillación ellos (tu pueblo) gritarán de
gozo por su herencia. Por tanto, poseerán el doble (de lo
que perdieron) en su tierra, y tendrán alegría eterna.*

¡*Ajá!* Examinemos este pasaje que nos promete "doble
recompensa". Una recompensa es un premio o una compensación por daños. En otras palabras, si usted confía en Dios y
hace las cosas a Su manera, Él se encargará de que usted sea
recompensado de todas las injusticias hechas en su contra.
Usted recibirá el doble de lo que haya sido despojado o haya
perdido ¡y tendrá alegría eterna! Esa es una promesa maravillosa y yo puedo respaldar la realidad de esa promesa. Dios
ha hecho eso conmigo y también lo hará con usted.

Otra promesa del Señor se encuentra en Isaías 54:4:

*No temas pues no serás avergonzada; ni te sientas humi-
llada, pues no serás agraviada; sino que te olvidarás (seriamente) de la vergüenza de tu juventud, y del oprobio de tu
viudez no te acordarás más.*

¡*Ajá!* ¡*Doble Ajá!* ¡Qué inspirador y alentador es saber
que se puede olvidar del daño del pasado y que nunca tendrá
que recordar *seriamente* esa época dolorosa.

Hay una promesa más que usted puede reclamar si está
siendo objeto de abuso o está siendo maltratada. Quizás usted
sienta que el Señor le haya dicho que se mantenga en esa
situación abusiva un tiempo más mientras Él trabaja en la
persona que lo está maltratando. ¿Cómo se protege para no
desarrollar una personalidad vergonzosa? La oración del salmista también puede hacerla suya: *Guarda mi alma y líbra-
me; no sea yo avergonzado, porque en ti me refugio* (Salmo
25:20).

Dios puede guardarlo de la vergüenza. Le recomiendo
que cada vez que padezca abuso emocional o verbal, ore

simplemente pidiéndole a Dios que lo guarde de la culpa que intenta formarse en su ser. Use estas palabras del Salmo 25:20 como una espada de doble filo contra el enemigo (que en este caso es la vergüenza).

A continuación hay un ejemplo de cómo esta manera de encarar la situación puede redundar en su beneficio.

Conozco a la esposa de un pastor que no tiene ningún problema en las relaciones sexuales con su esposo, a pesar de haber sido abusada muchos años por sus familiares. Por otro lado, en mi caso particular, como consecuencia de haber sido objeto de abuso sexual, yo tuve muchos problemas para confrontar y sobreponerme en mis relaciones sexuales con mi esposo.

¿Qué fue lo que marcó la diferencia? Al preguntarle a mi amiga, descubrí que ella había mantenido una fe muy fuerte en Dios durante toda su infancia. El abuso comenzó cuando llegó a los catorce años. Ya para entonces ella había disfrutado varios años de buena relación cristiana y tenía una activa vida de oración. Cada vez que la hacían objeto de abuso, ella oraba pidiendo a Dios que Él la cubriera para que eso no afectara la futura relación con su marido. Ella sabía que un día se casaría con un pastor porque el Señor ya se lo había revelado. Sus oraciones la protegieron de la vergüenza y las ataduras en esa área.

En mi caso, yo no sabía mucho acerca de Dios como para activar mi fe por medio de la oración. Por lo tanto, sufrí de vergüenza hasta que descubrí que tenía una base vergonzosa y conocí las promesas de Dios para liberarme. Usted también puede ser liberado de la vergüenza, que es el origen de muchos complejos problemas internos tales como:

Alienación

Comportamiento compulsivo (drogas/alcohol/abuso de sustancias/desórdenes alimenticios/adicción al dinero, al trabajo o a otras actividades; perversiones sexuales; excesiva necesidad de estar en control; falta de dominio propio o disciplina personal; murmuración; espíritu crítico; etc.)

Depresión

Profundo sentido de inferioridad (pensar que algo-anda-mal-conmigo).

Síndrome de fracaso

Soledad y aislamiento

Falta de confianza

Comportamiento neurótico (la persona neurótica asume demasiadas responsabilidades; en momentos de conflicto, automáticamente asume que es su culpa).

Perfeccionismo

Timidez (todo tipo de temores)

Depresión

Pues como piensa dentro de sí, así es.

Proverbios 23:7

Para concluir, permítame decir algo en cuanto a la depresión. Gran cantidad de gente padece esta terrible condición, que tiene causas muy complejas, siendo la vergüenza una de ellas. Si usted es proclive a la depresión, eso puede ser una señal de un problema más profundo, una raíz de vergüenza.

Quienes tienen una naturaleza vergonzosa piensan y hablan negativamente acerca de sí mismos. Esa manera equivocada de pensar y hablar pone una pesada carga sobre el espíritu. Este es un problema grande ya que los seres humanos han sido creados por Dios para justicia, amor y aceptación. Dios siempre está derramando estas cosas sobre sus hijos pero muchos de sus hijos no saben cómo recibirlo. Usted no puede recibir estas cosas de Dios si está en contra de sí mismo. Si usted tiene un problema en este área, no se quede sentado viendo cómo el diablo lo destruye. Confronte a su enemigo espiritual tomando acción espiritual. Cambie su manera de pensar y de hablar. *Intencionalmente* comience a pensar y a decir cosas buenas con respecto a usted mismo. Haga una lista de lo que dice la Palabra con respecto a usted y sus mejores cualidades y confiéselo varias veces al día. Cosas como: "soy la justicia de Dios en Cristo" (2 Corintios 5:21). "Dios me ama" (Juan 3:16). "Tengo dones y habilidades que me ha dado el Señor" (Romanos 12:6-8). "Soy precioso y valioso" (Isaías 43:4), etc.

Otra práctica sabia es hacerse una concienzuda examinación médica para descartar la posibilidad de alguna condición física que pudiese estar afectando su perspectiva mental y emocional. A no ser que su depresión sea causada por algún problema de salud, generalmente se podrá rastrear en la manera negativa de pensar y hablar. Aun cuando la depresión se deba a una condición física (desequilibrio hormonal o químico, etc.) el diablo aprovechará esta circunstancia. Él ofrecerá varios pensamientos negativos que, de recibirlos y meditar en ellos, sólo conseguirá que el problema se vea peor de lo que realmente es.

Repito: Cuando usted se sienta deprimido, examine sus pensamientos. No es la voluntad de Dios que usted esté deprimido.

Isaías 61:3 dice que el Señor nos ha dado... *"manto (expresión) de alabanza en vez de espíritu abatido"*.

De acuerdo con el Salmo 3:3 Él es un escudo para nosotros, nuestra gloria y quien levanta nuestra cabeza.

La alegría del Señor es vuestra fortaleza (Nehemías 8:10).

Crea lo que la Palabra dice que usted es y llegará a ser eso. Crea lo que el diablo dice que usted es y llegará a serlo. La elección es suya.

...escoge la vida para que vivas tú y tu descendencia (Deuteronomio 30:19).

9

Autorrechazo y odio
a sí mismo

La vergüenza produce autorrechazo y, en algunos casos, hasta odio hacia uno mismo. En algunos casos extremos, puede derivar en abuso de uno mismo, incluyendo la automutilación. Le he ministrado a varias personas que me han mostrado las cicatrices dejadas por haberse cortado, quemado o golpeado a sí mismas, así como lastimaduras de haberse dado golpes o marcas de calvicie por haberse arrancado el pelo.

Algunas personas han pasado hambre como castigo a sí mismas. Otros adoptan una conducta desagradable para ser rechazados. Debido a que se rechazan a sí mismos, están convencidos de que los demás los rechazarán, por lo que se comportan de acuerdo a lo que ellos creen sobre sí mismos. La lista de los problemas potenciales sigue interminablemente, pero estoy segura de que usted se da cuenta del punto que estoy señalando: *usted no puede ir más allá de la opinión que tenga de sí mismo; no importa cuántas cosas buenas Dios diga de usted en su Palabra. Más allá de los maravillosos planes que Dios pueda tener para su vida, ninguno de ellos se concretará sin su cooperación.*

Usted necesita creer lo que Dios dice.

La opinión que Dios tiene de usted y su voluntad para su vida

Si usted quiere recobrarse del abuso, no debe permitir que la opinión que los demás tengan de usted, debido al maltrato recibido en el pasado, determine su valía. Recuerde que la gente que se siente sin valor siempre tratará de encontrar algo malo en usted para sentirse un poquito mejor con respecto a sí misma. Recuerde que ese problema es de esa persona, no suyo.

En Juan 3:18 el Señor Jesús declara que ninguno que cree en Él será *jamás* rechazado por Él o por su Padre celestial. Si Dios lo acepta debido a la fe puesta en su Hijo Jesucristo, entonces, usted podrá decidir dejar de rechazarse a usted mismo para que pueda continuar el proceso de sanidad.

Puede que usted no esté rechazándose totalmente, sino en algunos aspectos que no le agradan. En mi propio caso, yo rechazaba mi personalidad. Yo no entendía que tenía un llamado divino en mi vida para un ministerio de tiempo completo y que mi temperamento básico estaba diseñado por Dios para lo que Él me tenía encargado hacer. Por supuesto, mi personalidad era defectuosa como consecuencia de haber sido objeto de abuso durante tantos años, y necesitaba los ajustes del Espíritu Santo, pero seguía siendo la personalidad básica que Dios había escogido para mí. Pero, por no haber entendido eso, pensé que tenía que ser completamente diferente. Constantemente trataba de ser una persona diferente, lo que no era la voluntad de Dios para mí; ni es su voluntad que usted se convierta en otra persona.

Recuerde: Dios le ayudará a ser todo lo que *usted* puede ser; todo lo que originalmente ha sido designado para que usted sea. Pero Él nunca permitirá que usted triunfe siendo otra persona.

El temperamento controlado
por el Espíritu

¿Alguna vez pensó, con respecto a alguna persona, amigo o líder espiritual: "Él es como la gente *tiene* que ser"? O: "Ella es querida y aceptada *por todos*". Quizás sin pensarlo conscientemente, usted haya intentado ser como ese individuo. Por supuesto, otras personas pueden ser buenos ejemplos para nosotros, pero aunque moldeemos nuestra vida de acuerdo a sus buenas cualidades, lo que nos va a caracterizar siempre será nuestro propio "sabor". Yo tengo una personalidad decidida, fuerte y de liderazgo. Dios instiló en mí esa naturaleza para ayudarme a cumplir su llamado en mi vida. Aun así, por muchos, muchos años, luché y viví frustrada porque seguí tratando de ser más amable, tímida, apacible y dulce. Traté desesperadamente de no ser tan agresiva y dogmática. La verdad es que intenté en vano de moldear mi vida como la de la esposa del pastor, mi marido o varios amigos que respetaba y admiraba. Mi esfuerzo resultó en un aumento de mi frustración, lo que dificultó más aun ponerme a tono conmigo misma. Lo que yo tenía que aprender era que no tenía que parecerme a nadie y ser "lo mejor de *mí* que pudiera ser". Sí, claro que necesitaba hacer cambios. Necesitaba más del fruto del Espíritu, especialmente bondad, mansedumbre y benignidad ya que era demasiado dura, agresiva y severa. Pero una vez que acepté mi temperamento básico dado por Dios, pude dejar que el Espíritu Santo comenzara a cambiarme en lo que él quería. Cuando dejé de batallar, entonces, el Espíritu pudo usar mis fortalezas y controlar mis debilidades. Empecé a desarrollar un "temperamento controlado por el Espíritu". Pasaron muchos años hasta que finalmente aprendí que tenía que aceptarme y quererme a mí misma en lugar de detestarme y rechazarme. Lo hago desde que descubrí el secreto del temperamento controlado por el Espíritu. La llave está en pasar tiempo valioso con el Señor y recibir ayuda de Él regularmente.

El fortalecimiento del hombre interior

(Le pido al Señor) "ser fortalecidos con poder por su Espíritu en el hombre interior de manera que Cristo more por la fe en vuestros corazones; y que arraigados y cimentados en amor.

Efesios 3:16-17

Yo todavía tengo debilidades en mi ser natural; pero, cuanto más estoy en el Señor, buscándolo primero a Él, Él constantemente me imparte el poder que necesito para manifestar mis fuerzas y no mis debilidades. En Efesios 3:16-17 el apóstol Pablo oraba para que los creyentes de Éfeso fuesen fortalecidos "en el hombre interior", para que el Espíritu Santo pudiese morar en el interior de su ser y sus personalidades. Esa es nuestra gran necesidad. Dios le dijo a Pablo que su fortaleza se perfeccionaba en su debilidad (2 Corintios 12:9). Cuando somos débiles en algún área, no tenemos que detestarnos o rechazarnos a nosotros mismos por eso. Como Pablo, tenemos el gran privilegio de aceptar nuestras debilidades y pedirle al Espíritu Santo que tome control de ellas.

En mi carne todavía tengo la tendencia de ser ruda, agresiva y directa. Pero, debido a la gracia, fuerza y poder del Señor, puedo manifestar "el fruto del Espíritu" (Gálatas 5:22-23) y ser amable, comprensiva y tolerante.

Eso no significa que nunca falle. Como cualquier otra persona, cometo errores, pero he llegado a comprender que no tengo que ser perfecta para recibir aceptación, amor y ayuda del Señor. Y usted tampoco.

¡Dios está de *su* parte! Y Él quiere que *usted* esté de *su* parte también. El diablo está en su *contra* y él quiere que *usted* esté en *su* contra.

¿Usted está a favor suyo o en su contra? Usted está colaborando con el plan de Dios para su vida o con el plan del diablo para usted? ¿Usted está de acuerdo con Dios o con el enemigo?

Aceptos en el Amado

"Según nos escogió (Dios) en Él (Cristo) antes de la fundación del mundo, para que fuéramos santos y sin mancha delante de Él ... para alabanza de la gloria de su gracia que gratuitamente ha impartido sobre nosotros en el Amado.

Efesios 1:4,6

En Éxodo 19:5, el Señor le dice a su pueblo que ellos son su "especial tesoro entre todos los pueblos". Esas palabras se aplican a nosotros en el día de hoy como en aquella época a los hijos de Israel. En Juan 3:18, Jesús le dice a Nicodemo que nadie que crea en Él será condenado (rechazado). Puede que usted no se sienta como un tesoro, ni siquiera se siente aceptable, pero lo es. En Efesios 1:6, Pablo dice que todos los que creemos en Cristo hemos sido "aceptos en el amado". Eso nos tendría que dar un sentido de dignidad y valor especial.

Recuerdo haber escuchado accidentalmente a una mujer al lado mío en una línea para orar, diciéndole al pastor que le estaba ministrando lo mucho que ella se detestaba. El pastor se puso muy firme con ella y la reprendió de manera muy fuerte. "¿Quién te crees que eres?", le dijo, "No tienes ningún derecho a detestarte. Dios pagó un precio muy alto por ti y por tu libertad. Él te amó tanto que entregó a su Hijo Unigénito para morir por ti, para que Él sufriera en tu lugar. No tienes ningún derecho a rechazarte o detestarte. ¡Lo que tienes que hacer es recibir lo que Jesús te dio al morir por ti!

La mujer quedó pasmada. Yo quedé pasmada también de sólo escuchar. A veces se necesita una palabra fuerte para que nos demos cuenta de la trampa que Satanás nos tendió.

El autorrechazo y el detestarse uno mismo, hasta pueden parecer piadosos en cierto sentido. Puede llegar a convertirse en una forma de castigo por nuestros errores, fracasos e incapacidades. No podemos ser perfectos y por eso nos rechazamos y nos despreciamos. Le pido que medite en estas proféticas palabras de Isaías 53:3: que describen a nuestro Señor Jesucristo: *Fue despreciado y desechado de los hombres, varón de dolores y experimentado en aflicción; y como uno de quien los hombres esconden el rostro, fue despreciado, y no le estimamos.*

¿Carece de aprecio por su valía y dignidad? Ciertamente usted es valioso, de otra manera, su Padre celestial no hubiese pagado un precio tan alto por su redención. Isaías 53:4-5 sigue diciendo de Cristo: *...Él llevó nuestras enfermedades (debilidades, padecimientos, aflicciones) y cargó con nuestros dolores; con todo, nosotros le tuvimos por azotado, por herido de Dios y afligido. Mas Él fue herido por nuestras transgresiones, molido por nuestras iniquidades. El castigo por nuestra paz cayó sobre Él, y por sus heridas (llagas) hemos sido sanados.*

El "paquete de sanidad" comprado por Jesús con su sangre está disponible para todos los que creen y lo reciben. Ese paquete incluye la sanidad de las emociones tanto como la del cuerpo. Si una persona ha hecho algo mal, la justicia demanda rechazo, desprecio y condenación. Pero Jesús cargó sobre sí todo eso por nosotros, lo mismo que nuestros pecados. ¡Qué gloriosa verdad! Debido a que Jesús cargó en la cruz sus pecados, junto con el desprecio, el rechazo y la condenación que merecían, usted ya no tiene motivo para rechazarse o despreciarse.

Haga lo siguiente: Abrácese, dése un buen abrazo y diga: "¡Ya no me voy a rechazar! En cambio, me voy a aceptar en Cristo. Me quiero. No soy perfecto, pero con la ayuda del Señor voy a ir mejorando cada día".

¿Y qué decir del rechazo de los demás?

Y Jesús crecía en sabiduría, en estatura y en gracia para con Dios y los hombres.

Lucas 2:52

Tarde o temprano usted sufrirá alguna clase de rechazo. Usted no le gustará a todo el mundo. Algunas personas hasta pueden demostrar de manera agresiva que usted les disgusta. Es extremadamente saludable que usted desarrolle una actitud madura en este área. En mi propio caso, le pedí a Dios su gracia para Él y para con la gente y creo que Él me la otorgó. Le sugiero que usted haga lo mismo. Esta es una oración que le ayudará a lograr una actitud aceptable:

Señor, hoy voy a hacer todo lo mejor que pueda, con tu ayuda y para tu gloria. Me doy cuenta de que hay mucha gente diferente en el mundo con variedad de opiniones y expectativas. Probablemente, no podré complacer a todos todo el tiempo. Me concentraré en complacer a Dios y no en complacerme a mí mismo o en complacer a la gente. Señor, lo demás lo dejo en tus manos. Dame gracia contigo y con los hombres y sigue transformándome a la imagen de tu amado Hijo. Gracias, Señor.

A nadie le gusta ser rechazado, pero todos podemos aprender a manejar el rechazo y seguir adelante con nuestra vida, si recordamos que Jesús también fue rechazado y despreciado. Él ganó la victoria sobre el rechazo siendo fiel al plan de Dios para su vida.

El rechazo de la gente hiere nuestras emociones. Ciertamente que lastima pero, en nuestro beneficio, debemos recordar que si hemos nacido de nuevo, el Ayudador (el Espíritu Santo) vive en nosotros para fortalecernos, apuntalarnos y consolarnos.

Pienso que gastamos mucha energía y tiempo valioso tratando de evitar ser rechazados. Nos convertimos en "complacehombres" (Efesios 6:6; Colosenses 3:22). Después de todo, razonamos, si podemos mantener felices a todo el mundo, no nos van a rechazar. Para evitar el dolor, levantamos paredes a nuestro alrededor para no ser lastimados. Eso no tiene sentido. Dios me ha mostrado que es imposible vivir en este mundo si no estamos dispuestos a ser lastimados.

Tengo un marido excelente, pero de vez en cuando, él me lastima. Debido a que tengo un pasado tan sufrido, cuando suceden esa clase de cosas, enseguida levanto murallas para protegerme. Después de todo, nadie podrá lastimarme si no lo dejo acercarse demasiado. Pero he aprendido también que si excluyo a alguien fuera de la muralla, yo me quedo encerrada. Si levantamos paredes alrededor de nosotros por temor, tendremos que derribarlas por fe. El Señor me ha mostrado que Él quiere ser mi Protector, pero no lo puede hacer si yo estoy ocupada tratando de protegerme a mí misma. Él no me ha prometido que nunca me van a lastimar sino que me prometió sanarme si voy a Él en vez de tratar de arreglar las cosas por mi cuenta.

La gente no es perfecta, por lo tanto, nos lastimamos y nos desilusionamos los unos de los otros. Ve a Jesús con tus viejas heridas y comienza a recibir su gracia sanadora. Cuando alguien te lastime, llévale a Jesús esa herida. No dejes que se infecte. Llévasela al Señor y dispónte a manejarla a su manera y no a la tuya. Recibe esta Escritura como una promesa personal del Señor para su vida: *Porque yo te devol-*

veré la salud, y te sanaré de tus heridas —declara el Señor— porque te han llamado desechada, diciendo: esta es Sion, nadie se preocupa por ella (Jeremías 30:17).

Confiese junto al salmista: *Porque aunque mi padre y mi madre me hayan abandonado, el Señor me recogerá* (Salmos 27:10).

Con la ayuda del Señor, usted puede sobreponerse al rechazo y sentirse completo "en Él".

10

La raíz del rechazo y sus efectos en las relaciones interpersonales

La persona que tiene una raíz de rechazo, generalmente tiene dificultades en las relaciones interpersonales. Para poder sostener relaciones duraderas, estables y saludables, la persona no tiene que temer el rechazo. Cuando esto se convierte en el factor motivador en la vida de un individuo, se va a pasar el tiempo evitando relacionarse en vez de construir relaciones saludables. Nadie pasa por esta vida sin ser rechazado en alguna medida. Todos experimentamos cierto grado de rechazo, pero si eso ha llegado a dejar cicatrices, hará que la persona no sólo no funcione normalmente en sus relaciones con los demás sino en su relación con Dios. Puede que llegue a creer que es amado *condicionalmente*. Sintiendo que se tiene que ganar el amor de los demás, puede que dedique su vida entera a tratar de complacer a los demás. Puede que tema que si no complace a la gente, le quitarán su amor, lo rechazarán o hasta lo abandonarán.

El recuerdo de esas experiencias dolorosas con frecuencia evitan la libertad en la relación. La gente que teme ser rechazada, con la consecuente soledad y abandono, terminan generalmente dejando que las controlen y las manipulen. Ya que piensan que la aceptación depende de la actuación, se consumen *haciendo* en vez de *ser*. Debido a que temen ser ellos mismos, se pasan la vida simulando ser lo que no son, simulando que les gusta la gente que detestan, simulando que disfrutan yendo a ciertos lugares o haciendo cosas que detestan, simulando que todo está bien cuando no es así. Esa gente es miserable porque tiene miedo de ser honesta, de confrontar los verdaderos temas de la vida.

¡Aparentar! ¡Aparentar! ¡Aparentar!

Como esas personas no creen ser dignas de ser queridas, generalmente, usarán los patrones del mundo (dinero, estatus social, vestimenta, talentos naturales, etc.) para demostrarse a sí mismas y a los demás que son valiosos. Viven una vida miserable, siempre tratando de demostrar que tienen valor y son dignos.

No importa cuánto éxito exteriormente pueda tener una persona; hasta que no sepa quién es en Cristo jamás será una verdadera triunfadora. Filipenses 3:3 nos exhorta: *...nos gloriamos en Cristo Jesús, no poniendo la confianza en al carne.*

Es importante recordar que la apariencia es sólo la forma externa y no lo que realmente somos. Una persona que se siente rechazada no es capaz de recibir amor aunque se lo ofrezcan libremente. Si es capaz de recibir amor, será sólo cuando crea que se lo ha ganado por su comportamiento perfecto. Recuerdo una señora que trabajó para mi marido y para mí. Ella se había criado en una atmósfera de aceptación por la actuación. Cuando hacía las cosas bien en la escuela, su padre le demostraba amor; cuando no lo hacía tan bien como él esperaba, le retiraba el amor. No sólo se comportaba así con su hija sino también con otros miembros de la familia; por lo tanto, ella había aprendido que el amor se daba como recompensa por una buena actuación y se retiraba como castigo por las equivocaciones. Como mucha gente, ella creció sin darse cuenta siquiera que sus sentimientos y su conducta estaban equivocados. Ella asumía que todas las relaciones interpersonales se manejaban de esa manera. Por ser una empleada de nuestro ministerio "Life In The Word" hubo ocasiones en que le pregunté cómo estaba progresando el trabajo, si todo estaba bien o si había algo que no hubiese podido terminar. Empecé a notar que cada vez que le preguntaba por algo que esta mujer todavía no había terminado, comenzaba a actuar de manera extraña. Se apartaba de mí, me esquivaba y parecía que trabajaba a toda velocidad, todo lo cual me hacía sentir incómoda. A decir verdad, me sentía *rechazada*.

Yo sabía que como su empleadora tenía el derecho de preguntarle acerca del trabajo sin tener necesidad de pasar una odisea cada vez que lo hacía. Finalmente, confronté la situación, lo que produjo que nuestra situación fuese más extraña aun y confusa. Era obvio que ninguna de las dos comprendía cuál era la raíz del problema.

Era una mujer que amaba de verdad al Señor. Ella era muy seria en su relación con Él, por lo que aquella situación la llevaba a orar y a pedirle al Señor respuestas acerca de su comportamiento. Con frecuencia culpamos a cualquiera de nuestro mal comportamiento en vez de buscar al Señor para que vaya a la raíz del problema para quedar libres.

Esta mujer recibió revelación del Señor y su vida completa cambió. El Señor le mostró que porque su padre la había rechazado cuando no hacía bien las cosas, ella creía erróneamente que todos los demás eran iguales. Si alguna parte de su trabajo no estaba completamente terminado en el tiempo requerido, ella estaba convencida de que yo la estaba rechazando, por lo tanto, ella se apartaba de mí. *Yo no dejaba de amarla sino que ella dejaba de recibir mi amor* y por lo tanto, yo también terminaba sintiéndome rechazada.

A veces hacemos lo mismo con el Señor. Su amor hacia nosotros no está basado en nada que hagamos o dejemos de hacer. En Romanos 5:8, Pablo nos dice que Dios nos amó cuando todavía estábamos en pecado; eso es, cuando aún no lo conocíamos, y ni siquiera nos importaba. El amor de Dios *siempre* está fluyendo para todo aquel que lo recibe. Pero, como esta empleada que no podía recibir mi amor, con frecuencia rechazamos el amor de Dios cuando sentimos que no lo merecemos porque nuestra actuación no es perfecta.

El temor a ser rechazado causa el rechazo de los demás

Si usted no cree que es básicamente una persona digna de ser amada y valiosa, será incapaz de confiar en quienes dicen amarlo. Si usted cree que tiene que ser perfecto para ser digno de amor y aceptación, entonces, usted es candidato a una vida miserable porque nunca será perfecto mientras esté en un cuerpo terrenal.

Puede que tenga un corazón perfecto y su deseo sea agradar a Dios en todo, pero su comportamiento no concordará con el deseo de su corazón hasta que llegue al cielo. Usted podrá mejorar con el tiempo y seguir avanzando hacia la perfección, pero *siempre necesitará a Jesús mientras esté en esta tierra*. No existirá el momento en que no necesite su perdón y su sangre limpiadora.

A no ser que usted acepte su valor y dignidad por fe en Cristo, siempre será inseguro e incapaz de confiar en aquellos que quieren amarlo. La gente que no tiene la capacidad de confiar, sospecha de los motivos de los demás. Sé que esto es verdad porque yo tenía un serio problema en esta área. Aun cuando la gente me decía que me amaba, yo siempre esperaba que me lastimara, me desilusionara, me fallara o abusara de mí. Creía que me querían sacar algo, de lo contrario no serían amables conmigo. Simplemente, no podía creer que alguien pudiese quererme por lo que yo era. ¡Tenía que haber alguna otra razón!

Me sentía tan mal en relación a mí misma, estaba tan llena de vergüenza, y condenación, me detestaba y me rechazaba tanto que cuando alguien trataba de demostrarme amor y aceptación, yo pensaba: "Bueno, si ahora le gusto a esta gente, dejarán de hacerlo cuando me conozcan de verdad". Por lo tanto, yo no podía *recibir* amor de otra gente o de Dios. Yo lo desviaba con mi comportamiento que cada vez se hacía más odioso al querer demostrarle a los demás que no era merecedora de ser amada, como yo misma me creía.

Lo que usted crea de usted mismo en su interior es lo que manifestará en el exterior. Si usted siente que no es digno de ser amado y que no tiene ningún valor, así mismo se comportará. En mi caso, yo creía que no era merecedora de ser amada y así actuaba. Era muy difícil llevarse bien conmigo. Yo creía que la gente me rechazaría, lo que generalmente hacía. Debido a que mi actitud se manifestaba en mis acciones, no podía mantener relaciones saludables, amantes y duraderas.

El síndrome de "pruébame-que-me-amas"

Cuando alguien intentaba amarme, yo ejercía mucha presión en esa persona para que me lo demostrara... ¡constantemente! Necesitaba demostraciones continuas y "caricias" todos los días para sentirme bien conmigo misma. Tenía que recibir cumplidos todo el tiempo de todo lo que hacía, de lo contrario me sentía rechazada. Si no recibía el refuerzo que anhelaba no me sentía amada.

También tenía que hacer las cosas a mi manera. En tanto que la gente estuviera de acuerdo conmigo y cumpliera mis deseos, me sentía bien conmigo misma. Pero, si alguien no estaba de acuerdo conmigo o se negaba a cumplir mis peticiones, aun la más insignificante, reaccionaba emocionalmente y me sentía rechazada y no querida.

Imponía exigencias imposibles en aquellos que me amaban. Los frustraba. Nunca estaba satisfecha con lo que me daban. No les permitía ser honestos conmigo o enfrentarme. Estaba totalmente centrada en mí misma y esperaba que todos los demás también se centraran en mí. Buscaba rodearme de gente que me hiciera sentir valiosa, cosa que sólo Dios puede dar. Ahora sé que mi sentido de valía y dignidad está en Cristo y no en las cosas o en otras personas. Pero, hasta que no aprendí esta verdad, fui muy infeliz y totalmente incapaz de sostener relaciones saludables.

Como mencioné en un capítulo anterior, recibir el amor de Dios es un factor clave en la sanidad emocional. Cuando una persona genuinamente llega a creer que Dios, que es perfecto, lo ama en su imperfección, recién entonces empieza a creer que la gente lo puede amar de la misma manera. Comienza a desarrollar confianza y es capaz de aceptar el amor que se le ofrece.

Desde que creí y recibí el amor de Dios para mí, logré satisfacer mis más básicas necesidades de amor y de valía. Ya no necesito que la gente esté constantemente "afirmándome", eso es, haciéndome sentir segura de mí misma. Como todo el mundo, tengo necesidades que quiero que la gente satisfaga; todos necesitamos estímulo, exhortación y edificación. Pero ya no tengo que buscar mi valor en la afirmación de la gente.

Ahora, si mi esposo falla al no hacerme un cumplido por algo que hice, puedo desilusionarme pero no devastarme porque yo sé que tengo valor, más allá de lo que haya hecho. Todos quieren ser reconocidos y recibir elogios por lo que hacen, pero es maravilloso cuando no me derrumbo si no recibo ese reconocimiento y esos cumplidos.

Al saber que mi valor y dignidad no están en lo que haga sino en quién soy en Cristo, ya no siento que tengo que actuar para la gente. He decidido que si me aman lo harán por lo que soy. Y de todas maneras, sé que Dios me ama. Es importante ser amado por lo que somos y no por lo que hacemos. Cuando sabemos que tenemos valor en nuestra identidad y no en nuestra actuación o comportamiento, podemos quitar nuestra mente de lo que los demás piensen de nosotros. Podemos enfocarnos en ellos y en sus necesidades en vez de esperar que ellos se centren constantemente en nosotros y en nuestras necesidades. Esta es la base para tener relaciones saludables, duraderas y cariñosas.

11

Confianza en ser un individuo

¿Qué es la confianza? Se ha definido como la cualidad de afirmación que lleva a uno a realizar algo; la creencia que uno es capaz y aceptado; la certeza que hace que uno sea decidido, abierto y llano.

Si usted piensa en cada una de estas tres definiciones, verá cómo el diablo ataca a quien muestre cierto grado de confianza.

Las personas que han sido maltratadas, rechazadas o abandonadas, generalmente no tienen confianza. Como ya hemos mencionado en capítulos anteriores, esas personas tienen una personalidad vergonzosa y culpable y poseen una imagen muy pobre de sí mismos.

El diablo empieza su asalto en la confianza personal siempre que puede encontrar una abertura, especialmente durante los años vulnerables de la infancia, hasta cuando los niños están todavía en el vientre. Su meta última es la total destrucción de la persona. La razón es simple: un individuo carente de confianza nunca dará un paso para hacer nada edificante para el reino de Dios o perjudicial para el reino de Satanás y, por lo tanto, nunca cumplirá el plan de Dios para su vida.

La espera de fracasos
+ el temor al fracaso = fracaso

Satanás no quiere que usted cumpla el plan de Dios para su vida porque usted es parte de su derrota última. Si él logra hacerle creer que usted es incapaz, entonces, usted ni siquiera intentará emprender nada que valga la pena. Aunque haga algún esfuerzo, su temor al fracaso sellará su derrota, lo que debido a su falta de confianza, probablemente usted espere desde el principio. Esto es lo que se conoce como el "síndrome del fracaso".

No importa cuántos planes maravillosos Dios pueda tener en mente para usted, pero hay una cosa que usted tiene que saber: *la habilidad de Dios para hacer que su voluntad se cumpla en su vida está determinada por su fe en Él y en su Palabra.* Si usted realmente quiere ser feliz y tener éxito tendrá que empezar a creer que Dios tiene un plan para su vida y que Él hará que sucedan cosas buenas en su vida mientras usted deposita su confianza en él.

El diablo quiere que usted y yo nos sintamos tan mal con nosotros mismos como para que no nos tengamos confianza. Pero acá viene la buena noticia: *no necesitamos tener confianza en nosotros mismos; ¡necesitamos tener confianza en Jesús!*

Yo tengo confianza en mí misma solamente porque sé que Cristo está en mí, siempre presente y listo a ayudarme en todo lo que intento hacer por Él. Un creyente sin confianza es como un gran avión parado en la pista pero sin combustible; se ve bien por afuera pero no tiene poder. Con Jesús en nuestro interior tenemos el poder de hacer lo que no podemos hacer por nosotros mismos.

Jesús murió por nuestras debilidades y limitaciones y Él desea impartirnos su fuerza y su habilidad si depositamos nuestra confianza (nuestra fe) en Él. En Juan 15:5 Jesús nos enseña este importante principio: *separados de mí, nada podéis hacer.*

Una vez que usted aprende esta verdad, su respuesta a la mentira del diablo de que "no puedes hacer nada bien" es "tal vez, pero Jesús en mí sí puede, y lo hará porque confío en Él y no en mí mismo. Él me hará triunfar en todo lo que emprenda" (Josué 1:7).

O puede que el enemigo le diga: "Tú no puedes hacer esto, así que ni siquiera lo intentes porque volverás a fracasar como siempre" a lo que usted puede responder: "Es verdad que sin Jesús no puedo hacer ni una sola cosa bien, pero con Él y en Él puedo hacer todo lo que necesito hacer" (Filipenses 4:13).

Siempre que el diablo le recuerde su pasado, usted recuérdele a él su futuro. Si usted lee la Biblia hasta el final, verá que el futuro del diablo es extremadamente desolador. En realidad, él ya es un enemigo derrotado. Jesús lo venció en la cruz e hizo exhibición pública de su desgracia en el campo espiritual (Colosenses 2:15).

Satanás está tomando tiempo prestado y él eso lo sabe mejor que nadie. El único poder que él tiene sobre nosotros es el que nosotros le demos creyendo en sus mentiras.

Recuerde siempre que *¡el diablo es un mentiroso!* (Juan 8:44.)

La mentira sobre la confianza en uno mismo

Todos hablan acerca de la confianza en sí mismos. Se ofrecen todo tipo de seminarios sobre la confianza, tanto en el mundo secular como en las iglesias. La confianza generalmente se refiere a la "confianza en uno mismo" porque todos sabemos que necesitamos sentirnos bien con nosotros mismos si es que alguna vez vamos a lograr algo en la vida. Se nos ha enseñado que todas las personas tienen la necesidad básica de creer en sí mismas. Pero ese es un concepto equivocado.

En verdad, no necesitamos creer en nosotros mismos, necesitamos creer en Jesús en nosotros. Que no se nos ocurra sentirnos bien con nosotros mismos separados de Jesús. Cuando el apóstol Pablo nos instruye a no colocar nuestra confianza en la carne (Filipenses 3:3), él quiere decir exactamente eso: no ponga la confianza en usted mismo o en nada de lo que usted pueda hacer separado de Jesús.

No tenemos que tener confianza en nosotros mismos. ¡Tenemos que tener confianza en Dios!

Mucha gente se pasa la vida subiendo la escalera del éxito para darse cuenta cuando llega arriba que la escalera estaba puesta en el edificio equivocado. Otros luchan tratando de portarse lo suficientemente bien como para desarrollar cierta medida de confianza en sí mismos, sólo para cometer repetidos fracasos. Ambas cosas producen el mismo resultado: vacío y miseria.

He descubierto que mucha gente cae en una o dos categorías: 1) nunca logran nada, no importa cuánto lo intenten y terminan odiándose a sí mismas a causa de su falta de logros, ó 2) tienen bastante talento natural como para alcanzar grandes cosas, pero se acreditan todo el mérito, lo que los llena de orgullo. De una u otra manera son un fracaso a los ojos de Dios. La única persona triunfadora para Dios es el individuo que sabe que no es nada en sí mismo pero lo es todo en Cristo. Nuestro orgullo y vanagloria tienen que estar solamente en Cristo, y Él tiene que recibir toda la gloria (merecido crédito) por cualquier éxito que logremos.

En realidad, toda persona tiene confianza (fe). La Biblia lo confirma en Romanos 12:3. Todos nacemos con cierta medida de fe; lo importante es dónde la colocamos. Algunos depositan la fe en sí mismos, algunos en otras personas, algunos en cosas; y también están quienes en realidad depositan su fe en Dios. No se preocupe por usted mismo, por sus debilidades o sus fortalezas. Quite los ojos de su persona y póngalos en el Señor. Si usted es débil, Él puede fortalecerlo. Si usted tiene alguna fortaleza es porque Él se la ha dado. Así que, de todas maneras, sus ojos tienen que estar puestos en Jesús y no en usted mismo.

Sin verdadera confianza en Jesús se creará muchos problemas. A continuación expongo una lista parcial.

1. Nunca logrará su potencial completo en Cristo (como hemos discutido en detalle).

2. Su vida será gobernada por el temor y vivirá atormentado.

3. Nunca conocerá el auténtico gozo, la plenitud o la satisfacción.

4. El Espíritu Santo sufre porque ha sido enviado para hacer cumplir el plan de Dios en su vida y no puede hacerlo sin su cooperación.

5. Abrirá muchas puertas de innumerables tormentos, odio a sí mismo, condenación, temor al rechazo, temor al fracaso, temor al hombre, perfeccionismo, complacerá a la gente (lo que le impedirá complacer a Dios), será controlado y manipulado por otros, etc.

6. Perderá la visión de su derecho a ser un individuo; el derecho a ser usted mismo.

Este último peligro, el número seis, es el que me gustaría analizar ahora. En la primera parte de este libro hemos visto los demás puntos en cierta medida, pero este último punto es de suma importancia y merece ser considerado más detenidamente.

Confianza en ser un individuo

En 1 Corintios 3:16-17, Pablo nos enseña que todos formamos un cuerpo aunque cada uno somos un miembro de ese cuerpo. En Romanos 12:4-6 dice casi lo mismo, pero de diferente manera. Esta es una verdad muy importante ya que vivimos una vida miserable y apagamos el poder de Dios en nosotros cuando tratamos de ser algo o alguien que no somos. Hemos oído decir con frecuencia que todos salimos de moldes diferentes, lo que significa que no hay dos personas iguales. ¿Qué tiene eso de malo?¡ Nada! Dios tiene un propósito al crearnos a todos diferentes. Si Él hubiese querido que fuésemos iguales, nos habría hecho iguales. En cambio, nuestra exclusividad es tan importante para Él que hasta se llegó al extremo de darnos diferentes huellas digitales a cada uno.

No es malo ser diferente, ¡ese es el plan de Dios!

Todos somos parte de un plan, del plan de Dios. Aunque cada uno de nosotros tenemos una función diferente porque somos individuos únicos. Yo defino al "individuo" como alguien especial que se distingue de los demás por sus atributos específicos o las características de su identidad que lo hacen único y distinto.

Durante años yo me creía *rara* sin saber que era *única*. Hay una gran diferencia. Si era "rara" eso era una indicación que algo no estaba bien en mí y que no se arreglaba como debía, mientras que mi ser "único" indica que no hay nadie como yo y, por lo tanto, yo tengo un valor especial. Usted tiene que creer que es un individuo único, especial y valioso.

No trate de ser otra persona

Una de mis características es mi voz. La mayoría de las mujeres tienen voces suaves, dulces; pero la mía es profunda. Con mucha frecuencia, cuando alguien que no me conoce llama por teléfono, cree que ha atendido el hombre de la casa. No siempre me hacía sentir bien esa característica única; es más, me hacía sentir insegura. Pensaba que mi voz era decididamente extraña. Cuando Dios me llamó para enseñar su Palabra y empecé a darme cuenta de que algún día podría estar hablando públicamente y hasta tendría un ministerio radial, ¡me aterroricé! Pensé que iba a ser rechazada porque mi voz sonaba tan diferente de la manera que yo *pensaba* que debía sonar la voz de una mujer. Yo me comparaba con lo que se aceptaba como norma.

¿Alguna vez se comparó a sí mismo con otra persona? ¿Cómo se sintió?

No tenemos que compararnos con otras personas; dejemos que Jesús sea nuestro ejemplo y aprendamos a reflejar la presencia y la personalidad del Dios que mora en nosotros.

Los diamantes tienen muchas facetas. Dios es como un diamante impecable y cada uno de nosotros representa una faceta diferente de Dios. Él ha implantado una parte de sí mismo en cada uno de nosotros, y corporativamente formamos su cuerpo. ¿Qué pasaría si nuestro cuerpo estuviese hecho sólo de bocas u orejas, brazos y piernas? No tendríamos problema alguno para hablar y escuchar, cargar cosas y caminar, pero ¿qué pasaría con las demás funciones? Qué desastre hubiera sido si Dios hubiese querido hacernos a todos iguales. ¿Por qué luchamos tanto tratando de parecernos a otro en vez de disfrutar, simplemente, lo que somos? Porque nos creemos las mentiras del diablo. Le creemos hasta que escuchamos la verdad de la palabra de Dios y la verdad que creemos nos libertad.

La gracia de Dios nunca estará disponible para que usted sea otra persona. Él lo creó a usted para que sea usted; el mejor *usted* que pueda ser. Olvídese de intentar ser otra persona. Eso es siempre un error porque, generalmente, la persona que usted escoge para parecerse, la persona que "lo tiene todo" no es como usted cree. Permítame darle algunos ejemplos.

Ejemplo uno

En un momento de mi vida creí que la esposa de mi pastor era "la mujer ideal". Era (y sigue siendo) una mujer dulce:

chiquita, agradable, rubia, suave para hablar, bondadosa, apacible y adornada con el don de la misericordia. Yo, por otro lado, tengo una voz grave y resonante y una personalidad directa y contundente que no da la impresión de ser muy suave, amable, mansa y misericordiosa. Intenté ser de la otra manera sin lograr mucho éxito. Traté de bajar el volumen de mi voz y cambiar el sonido de la misma para que resultase más "femenina" pero terminaba sonando ficticia.

Esta señora y yo no nos llevábamos bien. A pesar de haber querido y tratado de ser amigas, no dio resultado. Finalmente, tuvimos una confrontación que me reveló que al estar con ella me sentía presionada por querer parecerme a ella. Lo realmente interesante que ambas descubrimos fue que Satanás le había vendido a ella el mismo paquete de mentiras que yo había comprado: ¡ella estaba luchando por parecerse más a mí! Ella estaba tratando de ser menos frágil y más enérgica, encarar más directa y firmemente a las personas y las situaciones. No es de sorprenderse que no pudiésemos tener una buena relación. ¡Nos sentíamos presionadas la una por la otra!

Recuerde lo siguiente: *Dios dijo que no codiciáramos* (Éxodo 20:17) *y eso incluye la personalidad de otras personas.*

Ejemplo dos

Mi vecina de al lado era una dulce joven dotada con varios dones diferentes. Cosía, atendía el jardín y envasaba vegetales, tocaba la guitarra y cantaba, hacía manualidades diversas como empapelar paredes, pintar, escribir canciones; en resumen, todo lo que yo no puedo hacer. Como yo me consideraba "rara" no apreciaba los talentos que sí tenía. Solamente pensaba en las habilidades que me faltaban y en todas las cosas que no podía hacer.

Como Dios me llamó a enseñar y predicar su Palabra, mis deseos eran diferentes a los de aquellas mujeres que conocía. Mientras ellas asistían a reuniones de decoración de interiores, yo estaba en casa orando. Me tomaba todo muy en serio. Me daba la impresión de que estaba pasando algo muy grave conmigo. Mientras las demás mujeres estaban tranquilas disfrutando de buenos momentos, yo siempre me estaba comparando con ellas, sintiendo que algo no andaba bien conmigo. Esta clase de sentimientos se dan cuando la gente tiene una personalidad vergonzosa e insegura acerca de quién es en Cristo. Tuve que aprender a "levantarme" un poquito y divertirme, pero Dios estaba haciendo algo en mí que necesitaba ser hecho. Me estaba haciendo ver el enredo en que se encontraba la vida de otras personas y me estaba llamando a ayudarlas a salir de ese lío a través de su Palabra. Tenía que sentir el peso y la gravedad de los problemas de otras personas.

Me encontraba en un período de espera en el cual Dios no me estaba usando; fue un período de preparación en el cual crecí y me expandí durante un año. Durante ese año decidí que era tiempo de convertirme en lo que llamé "una mujer normal". Me compré una máquina de coser y tomé algunas clases de costura. Lo detestaba pero me obligué a seguir. Tampoco me destaqué mucho con la costura. Cuando una persona no ha sido agraciada en un área, no es buena en eso.

¡La costura fue una lucha terrible para mí! Me la pasaba cometiendo errores que me hacían sentir peor conmigo misma. Tomé bastantes lecciones como para coserle algunas cosas a mi familia, lo que obedientemente usaron. También decidí cultivar y envasar tomates. Estaban empezando a verse lindos, listos para cosechar cuando una noche los atacaron los insectos dejando agujeros negros en todos ellos. Pero yo estaba decidida a envasar tomates porque me había comprado todo el equipo para envasar. Fui al mercado y compré un montón de tomates. Trabajé y transpiré; transpiré y trabajé hasta que metí todos aquellos tomates en los envases. Una vez más, detesté cada minuto de ese trabajo, pero pensé que así probaba que era "normal".

Por medio de estas experiencias dolorosas me di cuenta de que me sentía miserable porque Dios no me ayudaba a ser aquello para lo cual no me había creado. No tengo que ser otra persona, tengo que ser yo, así como usted tiene que ser usted.

¡Sea usted mismo!

¡Usted tiene el derecho de ser usted mismo! ¡No permita que el diablo le robe ese derecho!

Si alguien que usted conoce es un buen ejemplo de cristiano al manifestar el carácter del Señor o los frutos del Espíritu Santo, usted querrá seguir su ejemplo. El apóstol Pablo instruye a los corintios a seguirlo a Él así como él sigue al Señor (1 Corintios 11:1). Seguir el ejemplo de una persona es algo totalmente diferente de tratar de parecerse a ese individuo en la personalidad o en los dones.

Lo animo enfáticamente a que piense en esto: ¿acepta el hecho que usted no fue creado como otra persona, que usted es un individuo único? ¿Disfruta su exclusividad? ¿O está en guerra consigo mismo como estaba yo?

Hay muchas personas peleando guerras internas, comparándose con casi todo el mundo que los rodea y llegando a juzgarse a sí mismos y a los demás. Terminan pensando que deben ser como las demás personas, o que los demás tienen que ser como ellas.

¡Mentiras!

Ninguno tiene que ser como otro. Cada uno tiene que ser la faceta del Señor que Él quiere que seamos —individuos únicos— para que corporalmente podamos lograr el plan de Dios y darle gloria a Él.

12

Perdón

Recibir perdón por errores y pecados pasados y perdonar a otros por sus errores y pecados, son dos de los factores más importantes en la sanidad emocional.

El perdón es un don dado a aquellos que no se lo merecen.

Dios quiere empezar el proceso dándonos el don del perdón primero. Cuando le confesamos a Él nuestros pecados, Él nos perdona, los pone tan lejos como está el oriente del occidente y nunca más se acuerda de ellos (1 Juan 1:9; Salmos 103:12; Hebreos 10:17). Pero para poder beneficiarnos con ese perdón, debemos recibirlo por fe.

Hace muchos años, cuando yo estaba desarrollando mi relación con el Señor, todas las noches le rogaba que me perdonara por los pecados del pasado. Una noche, arrodillada al lado de mi cama, escuché la voz del Señor diciéndome: "Joyce, te perdoné la primera vez que me lo pediste, pero no *recibiste* mi regalo porque no te perdonaste a ti misma".

¿Ha recibido usted el don del perdón? Si no lo ha hecho, y está listo para ello, pídale al Señor que lo perdone por todos sus pecados ahora mismo. Diga en voz alta lo siguiente: "Señor, recibo tu perdón por el pecado de _____ (nómbrelo)" Puede que sea difícil verbalizar alguna de sus equivocaciones y pecados del pasado, pero al decirlo sentirá el alivio que necesita.

En una ocasión, mientras estaba orando, le pedí a Dios que me perdonara porque (como ya dije) "lo perdí".

"¿Qué perdiste?"

"Bueno, Señor, tú sabes lo que hice".

Claro que Él lo sabía. Pero para mi beneficio era necesario que yo verbalizara mi pecado. El Señor me mostró que la lengua es como el balde en un aljibe que va hasta el fondo y saca a la superficie lo que encuentra allí.

Cuando haya pedido perdón y recibido el perdón del Señor repita en voz alta: Señor, recibo el perdón por _____ *(nombre el pecado) en Cristo Jesús. Me perdono a mí mismo recibiendo el don de tu perdón. Creo que tú puedes quitarme completamente el pecado, echarlo bien lejos, donde nunca más pueda volver a encontrarlo, tan lejos como está el oriente del occidente. Señor, también creo que tú no te acuerdas más de mi pecado.*

Se dará cuenta de que hablar en voz alta lo ayudará porque así está declarando que usted se mantendrá en la palabra de Dios. El diablo no puede leer su mente, pero sí entiende sus palabras. Declare ante todos los principados, poderes y gobernadores de las tinieblas (Efesios 6:12) que Cristo lo ha liberado y que usted va a caminar en esa libertad.

¡Cuando hable, hágalo convincentemente!

Si el diablo trata de traerle el pecado a la mente nuevamente en forma de culpa y condenación, repita su declaración, diciéndole: ¡Ya fui perdonado por ese pecado! Y, por lo tanto, no me preocupo más por él. Satanás es un legalista, por lo tanto, si usted lo desea, puede citar la fecha en la que usted pidió y recibió el perdón de Dios.

No se quede ahí sentado escuchando las mentiras del diablo y sus acusaciones; aprenda a contestarle!

Confesaos vuestros pecados
unos a otros

¿Sufre alguno entre vosotros? (enfermedad o daño) Que haga oración. ¿Está alguno alegre? Que cante alabanzas (a Dios). ¿Está alguno entre vosotros enfermo? Que llame a los ancianos de la iglesia (los guías espirituales) y que oren por él ungiéndole con aceite en el nombre del Señor; y la oración de fe restaurará al enfermo y el Señor lo levantará y si hubiese cometido pecados le serán perdonados. Por tanto, confesaos vuestros pecados (sus deslices, sus malos pasos, sus ofensas, sus faltas) unos a otros, y orad unos por otros para que seáis sanados (restaurados espiritual y mentalmente). La oración eficaz del justo puede lograr mucho (es una obra dinámica).

Santiago 5:13-16

Creo que este pasaje se puede referir a cualquier tipo de enfermedad, física, mental, espiritual o emocional. En el versículo 16, la manera de ser sanado y restaurado se hace muy clara: "confesaos vuestros pecados los unos a los otros".

¿Significa esto que cada vez que pecamos se lo tenemos que confesar a otra persona?. ¡NO! No quiere decir eso. Sabemos que Jesús es nuestro Sumo Sacerdote. No tenemos que recurrir a la gente para recibir el perdón de Dios. Así se hacía bajo el Antiguo Pacto pero no bajo el Nuevo Pacto. ¿Cuál es la aplicación práctica de Santiago 5:16? Creo que no sólo tenemos que conocer la palabra de Dios sino cómo aplicarla a nuestra vida diaria. Si una persona que está sangrando tiene un apósito pero no sabe cómo aplicárselo, se desangrará hasta morir. Muchas personas tienen la palabra de Dios pero siguen "sangrando hasta morir" (viviendo atormentadas) porque no saben cómo aplicar la Palabra en cada situación que se les presenta.

Creo que Santiago 5:16 se tiene que aplicar de esta manera. Primero, esté seguro en que el hombre no puede perdonar pecados; esa es la tarea de Dios. Pero, el hombre puede declarar y pronunciar el perdón de Dios para usted. El hombre puede estar de acuerdo con usted en relación al perdón. Hasta puede orar para que usted sea perdonado (1 Juan 5:16). Un ejemplo puede ser el de Jesús en la cruz orando por quienes lo perseguían para que fuesen perdonados.

¿Cuándo tiene que usar este pasaje? Creo que un buen momento para poner por obra Santiago 6:16 es cuando usted está siendo atormentado por los pecados del pasado. Estar envenenado por dentro evita que se restablezca física, mental, espiritual y emocionalmente.

Una vez expuestas a la luz, las cosas ocultas en la oscuridad pierden su poder. La gente esconde cosas por miedo. Satanás acosa la mente con cosas como estas: "¿Qué dirá la gente si se entera que me violaron? ¡Pensará que soy horrible! Me van a rechazar, etc."

En mis reuniones, mucha gente se me ha acercado pidiendo oración, confiándome: "Nunca le dije esto a nadie, pero siento que tengo que sacármelo de encima. Abusaron de mí". Con frecuencia, esas personas lloran incontrolablemente. Con esas lágrimas, generalmente, se produce el desesperado alivio. La gente herida se siente segura conmigo porque sabe que yo pasé por lo mismo.

Por favor, comprenda que no estoy diciendo que todo el mundo tiene que admitir que ha sido objeto de abuso y tenga que pedir oración para ser sano. Si usted está sufriendo las consecuencias del abuso, déjese guiar por el Espíritu Santo, no sólo para decidir si se lo tiene que confesar a alguien, sino también para saber a quién se lo va a confesar. Tiene que seleccionar muy bien a la persona. Le sugiero que sea un cristiano maduro en quien pueda confiar. Si usted está casado y su pareja piensa lo mismo, piense primero en él o ella. Usted debe saber que frecuentemente, cuando el marido (o la mujer) se enteran de la situación, reacciona enojándose contra el abusador. Por lo tanto, antes de hacer la confesión tiene que estar seguro de que su esposo (esposa) está controlado por el Espíritu Santo y dispuesto a seguir la dirección de Dios y no los sentimientos personales.

Puede que le haga algunas preguntas que usted podrá malinterpretar si no está completamente preparado. Por ejemplo, cuando yo le dije a mi marido que mi padre abusó de mí todos esos años, él me preguntó: "¿Alguna vez trataste de detenerlo?" "¿Por qué no se lo dijiste a alguien?" Piense que su pareja no siempre comprenderá la situación y sus sentimientos en su totalidad y puede que necesite algunas respuestas. En mi caso, en cuanto le expliqué a mi marido que me controlaba el temor, él comprendió.

La práctica de confesar nuestras faltas los unos a los otros y recibir oración es una herramienta poderosa para romper ataduras. He tenido problemas con los celos en cierta área durante algún tiempo y, no quería que nadie lo supiera, por lo que me negué a pedir oración y decidí combatirlo yo sola. No avancé nada. Cuando Dios me reveló lo que dice Santiago 5:16 me di cuenta de que había algunas áreas en mi vida que me controlaban, simplemente, porque las estaba escondiendo y era demasiado orgullosa como para exponerla a la luz.

El temor puede que nos haga esconder cosas, pero el orgullo puede hacer lo mismo. Yo me humillé y le confesé mi problema a mi marido y él oró por mí. Después comencé a sentir libertad en ese área.

Una palabra final

Una última palabra de alerta. A veces, la gente se va sacando de encima algún problema, pero en el proceso, se lo va pasando a otra persona. Después de haberme escuchado hablar acerca de la importancia de la verdad y cómo las cosas ocultas pueden ocasionar problemas, una mujer que venía a nuestras reuniones se me acercó para confesarme que yo no le agradaba en absoluto y que siempre había estado murmurando de mí. Me pidió que la perdonara, lo que por supuesto hice. Se fue emocionada porque se había sacado un problema de encima, pero yo tuve que pelear con los malos pensamientos contra ella. Me preguntaba qué habría estado diciendo de mí, con quién habría estado hablando, si le habrían creído y durante cuánto tiempo lo habría estado haciendo.

Equilibrio, sabiduría y amor son la clave en la Biblia. Trabajando con estas cualidades acelerará su progreso. La persona llena de sabiduría buscará y recibirá la dirección del Señor y manejará la situación de manera equilibrada.

13

Perdone a quien lo haya maltratado

Para muchas personas, perdonar a la persona que lo ha hecho objeto de abuso, es la parte más difícil de la sanidad emocional. Puede llegar a ser la piedra de tropiezo que evita la sanidad. Aquellas personas que han sido muy heridas saben bien que es mucho más fácil decir "te perdono" que perdonar.

He pasado mucho tiempo estudiando y orando acerca de este problema, pidiéndole al Señor respuestas prácticas. Oro para que lo que tengo que decirle con relación a este tema lo haga de una manera fresca para ayudarlo a resolverlo.

Primero, permítame decirle que no es posible tener salud emocional si se guarda amargura, resentimiento y no se perdona.

¡La falta de perdón es veneno!

Envenena a todo el que lo retiene, haciendo de él una persona amargada.

¡Y es imposible ser amargado y sanarse al mismo tiempo!

Si usted es una víctima de maltrato tiene que tomar una decisión. Usted puede dejar que cada sufrimiento o problema lo amargue o lo sane. La decisión es suya.

¿Cómo puede un sufrimiento o problema hacer de usted una mejor persona? Dios no le ocasionará sufrimientos, pero una vez que usted los padezca, Él es capaz de sacarle algún beneficio, si usted se lo permite.

¡Dios puede sacar milagros de los errores!

Satanás intenta destruirlo, pero Dios puede tomar cualquier cosa que el diablo mande en su contra y convertirlo en algo bueno. Debe creerlo o se va a desesperar. Como escribió el salmista hace mucho: *Hubiera yo desmayado, si no hubiera creído que había de ver la bondad del Señor en la tierra de los vivientes* (Salmos 27:13).

Recientemente, una señora me escribió la siguiente carta: "Sé que Dios no provocó que abusaran de usted, pero si no hubiera sido objeto de abuso, no me hubiese ayudado. Por favor, no se sienta tan mal al respecto porque Dios está usando su dolor para liberar a otros".

Hace muchos años tuve que hacer una elección. Pude haber elegido amargarme, llenarme de odio y autocompasión y tener resentimiento, tanto hacia las personas que me habían lastimado como hacia aquellas que nunca habían sufrido como yo y gozaban de una vida normal y feliz. O, podía seguir los caminos de Dios dejando que Él hiciera de mí una mejor persona por medio de mi experiencia dolorosa. Le agradezco haberme dado la gracia de elegir sus caminos en vez de los caminos de Satanás.

El camino de Dios es el perdón.

Recuerdo cuando empecé a caminar con Dios. Una noche me di cuenta de que no podía estar llena de amor y odio a la vez. Por lo tanto, le pedía al Señor que sacara el odio que hacía tanto tiempo estaba en mi ser. Me pareció que Él se introducía en lo más profundo y lo quitaba con una cuchara. Después de aquella experiencia, nunca más sentí odio hacia mi padre. Todavía estaba resentida con él, me disgustaba y no lograba perdonarlo por lo que me había hecho. Quería liberarme de todos aquellos sentimientos amargos y la mala actitud interior, pero para mí era una gran pregunta "cómo hacerlo".

Al seguir estudiando y meditando en la Palabra y teniendo comunión con el Espíritu Santo, el Señor me enseñó muchas cosas. Me gustaría compartir con usted lo que he aprendido en los años que duró el proceso de mi sanidad.

Pasos hacia
la sanidad emocional

Primero, usted debe elegir los caminos de Dios. Él no va a forzar la situación. Si usted quiere llevar una vida victoriosa y disfrutar una completa sanidad emocional, debe creer que el camino de Dios es el mejor. Aunque usted no lo entienda, *elija* seguirlo. Funciona.

Luego, conozca la gracia de Dios. La gracia es el poder del Espíritu Santo que viene a nosotros para ayudarnos a cumplir la voluntad de Dios. *Pero Él da mayor gracia (poder del Espíritu Santo para resistir la malas tendencias). Por eso dice: Dios resiste a los soberbios pero da gracia (constantemente) a los humildes (aquellos que son lo bastante humildes como para recibirla)* (Santiago 4:6).

(Dispongo de un álbum de seis casetes de enseñanza titulado: "Gracia, gracia y más gracia").

Usted puede tomar la decisión de olvidar pero seguir luchando con la frustración porque intenta perdonar en su propia fuerza, cuando lo que necesita es la fuerza del Señor. El profeta Zacarías nos dice: ...*No por el poder ni por la fuerza, sino por mi Espíritu -dice el Señor de los ejércitos* (Zacarías 4:6). Después de tomar la decisión de perdonar y sabiendo que usted no puede perdonar sin la ayuda de Dios, ore y suelte a la persona que lo lastimó. Repita esta oración en voz alta: "Perdono a_____ (nombre) por_____ (lo que le haya hecho). Señor, tomo la decisión de andar en tus caminos. Te amo y te entrego esta situación. Te la encargo a tu cuidado y creo que tú puedes restaurarme completamente. Señor, ayúdame; sáname de todas las heridas que me han ocasionado".

Hay varias escrituras que nos dicen que Dios reivindica. (Isaías 54:17.) Dios es quien nos recompensa. (Isaías 35:4.) Él es un Dios de justicia, y sólo Él puede hacer justicia. Solamente Él puede repararlo por el daño que le hayan causado y sólo Él está calificado para arreglárselas con sus enemigos humanos.

> *Amados, nunca os venguéis vosotros mismos, sino dad lugar a la ira de Dios, porque escrito está: Mía es la venganza, yo pagaré, dice el Señor.*
>
> Romanos 12:19

> *Pues conocemos al que dijo: Mía es la venganza, yo pagaré. Y otra vez: El Señor juzgará a su pueblo. ¡Horrenda cosa es caer en las manos del Dios vivo!*
>
> Hebreos 10:30-31

Una de las grandes verdades que me enseñó el Señor cuando estaba luchando con el tema del perdón fue la siguiente: *¡La gente herida hiere a los demás!* La mayoría de los abusadores fueron maltratados de una u otra manera. Con frecuencia, quienes fueron criados en hogares que funcionaban mal, crean una atmósfera de irregularidad en sus propios hogares. Veo ese patrón al evaluar mi propia vida. Yo me crié en un hogar atípico por lo que generé una atmósfera irregular en mi propio hogar. No conocía otra forma de comportamiento. Darme cuenta de ello me ayudó enormemente.

¡Las personas heridas
hieren a la gente!

Realmente, no creo que mi padre supiera lo que me estaba haciendo emocionalmente, ni tampoco creo que él se diera cuenta de que me estaba causando un problema con el que tendría que luchar casi toda mi vida. Él hacía lo que hacen muchas personas que no han nacido de nuevo: ser egoístas, satisfaciendo sus perversos y demoníacos deseos, sin remordimiento por las consecuencias de sus acciones. Mi padre estaba decidido a conseguir lo que deseaba sin importarle lo que me hiciese a mí o a otros. Debemos recordar lo que dijo Jesús cuando colgaba de la cruz sufriendo por cosas que Él no había hecho, sino que eran culpa de otros, incluyendo quienes eran responsables de su tormento... *Padre, perdónalos, porque no saben lo que hacen* (Lucas 23:34).

Es fácil juzgar, pero la Biblia nos dice que la misericordia triunfa sobre el juicio. No estoy diciendo que los abusadores no sean responsables por sus pecados; todos debemos asumir la responsabilidad de nuestros errores. El Señor me ha dicho que la misericordia ve el "porqué" detrás del "que". La misericordia y la compasión no ven solamente los errores cometidos, ven más allá de la persona que hace mal las cosas, ven su niñez, su temperamento, la vida entera del individuo. Debemos recordar que Dios odia el pecado pero ama al pecador.

Yo tenía tantos problemas de personalidad que provocaba que la gente me juzgara y rechazara. Jesús nunca me rechazó, ni tampoco me juzgó. Mi pecado fue juzgado por lo que era, pero Dios conocía mi corazón. El pecado es pecado y mis acciones estaban equivocadas, no importa qué las causaba. Pero Dios sabía que como mujer maltratada durante quince años en su niñez, yo me comportaba de acuerdo a mis heridas; y Él tuvo misericordia de mí.

...ías profetizó acerca de la venida del Mesías: ...*No
...rá por lo que vean sus ojos, ni sentenciará por lo que
...an sus oídos* (Isaías 11:3).

En mis enseñanzas suelo mostrarle a la gente la roca que
aparece a continuación. Dura, fea y tosca por fuera pero
hermosamente bella por dentro.

 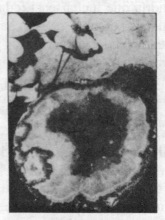

Aspereza exterior   Belleza interior
de la roca   de la roca

Mirando solamente el exterior ¿quién pensaría siquiera la
asombrosa belleza que se esconde bajo la superficie? Así es
la gente. Dios ve el interior. Él ve las posibilidades. Él ve el
espíritu. Los demás ven lo externo. A no ser que Dios nos
enseñe a ver más allá de lo que perciben los ojo naturales,
siempre estaremos juzgando a los demás.

Recuerde: *¡La gente herida hiere a los demás!*

14

Ore y bendiga a sus enemigos

Pero yo os digo: amad a vuestros enemigos y orad por los que os persiguen.

Mateo 5:44

Bendecid a los que os maldicen; orad por los que os vituperan.

Lucas 6:28

Bendecid a los que os persiguen; bendecid y no maldigáis.

Romanos 12:14

Al empezar a ministrarle a la gente me di cuenta de, que con bastante frecuencia, ellos expresaban el deseo genuino de perdonar a sus enemigos pero debían admitir que no lo podían hacer. Oré a Dios buscando respuestas para ellos y Dios me dio este mensaje: "Mi pueblo quiere perdonar, pero no están obedeciendo las Escrituras con relación al perdón". El Señor me guió a varios pasajes que hablaban de la oración por los enemigos y la bendición para ellos.

Muchas personas dicen perdonar a sus enemigos pero no oran o no pueden orar por quienes los han lastimado. Orar por quienes nos han hecho mal puede que los haga arrepentirse y darse verdadera cuenta del daño que han causado. Sin esa oración, pueden seguir engañados. Ore para que Dios bendiga a sus enemigos, quienes le hicieron daño, quienes lo maltrataron y lo pusieron en ridículo. Usted no ora para que sus obras sean bendecidas, sino para que ellos sean bendecidos como individuos. Es imposible que alguien sea verdaderamente bendecido si no conoce a Jesús. Si usted ha sido víctima de malos tratos y está dispuesto a orar por quienes lo lastimaron, pondrá en acción lo que dice Romanos 12:21: *No seas vencido por el mal, sino vence (domina) con el bien el mal.*

Pídele a Dios que muestre misericordia, no juicio, con las personas que lo maltrataron. Recuerde, si usted es misericordioso, recogerá misericordia (Gálatas 6:7). Bendecir y no maldecir a sus enemigos es una parte importante en el proceso del perdón. Una definición de "bendecir" es decir bien y maldecir significa decir mal.

La lengua y el perdón

Es muy tentador contarle a la gente lo que le han hecho. Para Dios, esto es necesario. Para recibir la sanadora oración de consuelo, también es necesario compartir su sufrimiento. Pero desparramar una mala información y arruinar la reputación de otra persona va en contra de la palabra de Dios. La Biblia nos enseña a no murmurar, difamar o divulgar historias. El escritor de Proverbios 17:9 dice: *El que cubre una falta busca afecto, pero el que repite el asunto separa a los mejores amigos.*

Con demasiada frecuencia ejercitamos la fe para recibir sanidad para nuestras heridas, pero al mismo tiempo, fallamos en obedecer la regia ley del amor. En Gálatas 5:6, el apóstol Pablo nos dice que la fe se activa y obra por el amor: *...el amor cubre multitud de pecados* (1 Pedro 4:8).

Podemos tener una charla con el Señor acerca de lo que nos han hecho. Hasta podemos revelárselo a quienes sea necesario o útil por alguna razón. Pero si deseamos perdonar y recuperarnos del dolor y sufrimiento, no debemos hablar del problema a la ligera ni hablar mal de la persona que lo ocasionó. La Biblia nos advierte sobre las conversaciones vanas (inútiles) (Mateo 12:36). Aunque contar nuestro problema pueda tener un propósito santo, debemos disciplinarnos a soportarlo en silencio, confiando en que Dios nos recompensará abiertamente por haber honrado su Palabra.

Recuerdo el caso de una mujer cuyo esposo estuvo involucrado en una aventura amorosa con su mejor amiga durante más de treinta años. Desapareció con la mujer llevándose los ahorros de la familia. Era una familia cristiana y, por supuesto, la infidelidad y el adulterio fue algo que tomó a todo el mundo por sorpresa.

La devastada esposa cayó en la trampa de hablar acerca de lo que su marido y su mejor amiga le habían hecho, lo que en un principio no fue algo anormal. Sin embargo, tres años más tarde, después de haberse divorciado de su marido, quien se había casado con la amiga, la mujer no había superado el dolor. Sa casó con un hombre maravilloso que era bueno con ella y ella decía que quería olvidar el pasado y seguir adelante con su nueva vida, pero no podía perdonar.

Escuchando las grabaciones con mis enseñanzas sobre el tema de la boca y el poder de las palabras, ella se dio cuenta de que no superaba su problema porque constantemente le hablaba a todo el que quisiera escuchar lo que le había pasado. Contando los detalles una y otra vez, mantenía fresco el dolor. Dios me mostró que algunas personas oran para ser sanas y hasta dicen: "perdono a quienes me hayan herido" y entonces Dios comienza el proceso de sanidad. Pero estas personas no lo dejan completar su obra porque ellos mismos siguen abriéndose la herida.

Cuando una herida física comienza a sanar se forma una cascarita que si se arranca constantemente, la herida no se sana nunca. Hasta puede que se infecte y deje una cicatriz. Esa misma verdad se aplica a las heridas emocionales. Hablar del dolor y de la persona que lo ocasionó es como arrancar la cascarita. Se abre constantemente la herida y vuelve a sangrar.

Una de las cosas más útiles que Dios me reveló es que el perdón requiere disciplina de la lengua. La carne siempre quiere "repetir el asunto" pero tapar la ofensa dará buenos resultados. Si usted necesita hablar del problema en busca de consejo, oración u otro motivo, puede hacerlo de manera positiva.

Ejemplo: ¿Qué le parece más de acuerdo con Dios?:

"Durante quince años mi padre me hizo objeto de abuso sexual. Mi madre lo sabía y no hizo nada".

-O-

"Durante quince años mi padre abusó de mí. Dios me está sanando. Estoy orando por mi padre; sé que hay heridas del pasado en su vida y era controlado por fuerzas demoníacas. Mi madre sabía lo que él me hacía y hubiese podido ayudarme, pero estaba paralizada de miedo e inseguridad. Probablemente no sabía cómo enfrentar la situación y se escondió".

Estoy segura de que usted estará de acuerdo conmigo en que el segundo ejemplo es más amoroso. Unas pocas palabras bien escogidas pueden cambiar totalmente el gusto del informe. Recuerde que si quiere mejorarse, no debe amargarse. Si hay amargura en usted, es muy probable que se note en su conversación. Si está dispuesto a ser honesto, el tono de voz y la elección de sus palabras pueden revelar mucho. En Mateo 12:34 Jesús dice que: ...*de la abundancia (lo que fluye, la llenura) del corazón habla la boca.*

Si usted quiere acabar con el problema, deje de hablar de él Su mente afecta su boca y su boca afecta su mente. Es difícil dejar de hablar de una situación si no deja de pensar en ella. También es difícil dejar de pensar en ello si constantemente está hablando del tema.

Haga lo que pueda hacer y Dios lo ayudará con lo que no pueda.

Le puede llevar cierto tiempo disciplinar completamente la lengua. Comience obedeciendo los "impulsos" del Espíritu Santo". Si recibe convicción de callarse, obedezca y obtendrá mayor libertad cada vez que lo haga.

También esté alerta a que Satanás tratará de tentarlo en esa área. Él conoce el poder de las palabras. ¡Las palabras son contenedoras de poder! La boca es un arma de Satanás o en contra de él. Por eso usted debe elegir sus palabras cuidadosamente. Satanás usará a sus bien intencionados y queridos amigos para sacar a relucir el tema en una conversación. Use sabiduría y discreción. No caiga en la trampa que abrirá su herida y comenzará a sangrar nuevamente.

Confíe en Dios para cambiar sus sentimientos

Los sentimientos (emociones) son un factor primordial en el proceso de sanidad y el tema del perdón. Usted puede tomar todas las decisiones correctas y por un largo tiempo no "sentir" ninguna diferencia en cuanto a cómo se sentía antes de decidir obedecer al Señor. Aquí es donde se necesita la fe. Usted ha hecho su parte y ahora espera que Dios haga la suya. Su parte es sanar sus emociones, hacerlo sentir bien y no lastimado. Sólo Dios tiene el poder de cambiar los sentimientos hacia la persona que lo hizo sufrir. La sanidad interior solamente Dios puede lograrla porque Él, a través del poder del Espíritu Santo, vive en usted (si ha nacido de nuevo) y sólo Él puede sanar el hombre interior.

¿Por qué Dios nos hace esperar para sanarnos? La espera es la parte difícil. Lo bien que esperemos mostrará si tenemos fe en Dios. De acuerdo a Hebreos 6:12, las promesas de Dios se logran con fe y paciencia. En Gálatas 5:5 el apóstol Pablo declara que debemos ...*esperamos por la fe la esperanza de justicia*. No tenemos que esperar resultados cuando seguimos la carne. Sin embargo, la naturaleza humana para manejar a quienes nos han lastimado nunca produce buenos resultados.

La forma en que Dios lo hace sí funciona, pero da resultados bajo el principio de sembrar y cosechar pacientemente, esperando la siega. Sembramos semilla si obedientemente seguimos su plan, que es:

1. Decidir perdonar.

2. Liberar a quienes nos han lastimado, perdonándolos.

3. Orar por nuestros enemigos.

4. Bendecir a quienes nos han herido.

5. Creer que Dios está sanando nuestras emociones.

6. Esperar.

La espera es donde se gana la batalla en el campo espiritual. Esperar y mantener nuestra mirada en Dios pone presión sobre las fuerzas demoníacas que iniciaron el problema y tienen que retirarse del terreno ganado. Mientras tenemos los ojos fijos en Dios, Él mantiene las fuerzas del enemigo fuera de nuestro territorio.

El que habita al abrigo del Altísimo morará bajo la sombra del Omnipotente. Diré yo al Señor: Refugio mío y fortaleza mía, mi Dios, en quien confío.

Salmo 91:1-2

Si lee el resto del Salmo 91 verá que está lleno de grandes promesas en cuanto a que el enemigo no puede derrotarlo. El que reciba el cumplimiento completo de las promesas del Salmo 91 depende de que reúna las condiciones de los primeros dos versículos.

A continuación voy a relatar una experiencia vivida que ayudará a clarificar mi posición. Una amiga a quien amaba, en quien confiaba y a quien había ayudado en varias ocasiones, me lastimó gravemente. Desparramó mentiras acerca de mí que me causaron grandes problemas y angustias en mi vida. También se hicieron juicios condenatorios y hubo chismes; la mujer que inició todo eso tenía que haberlo sabido. Esta situación en particular fuc, probablemente, la mayor herida emocional que sufrí en mi ministerio porque provenía de una colaboradora en Cristo en quien yo confiaba y con quien había trabajado. Sabía que tenía que perdonarla o de lo contrario la falta de perdón me contaminaría a mí y a mi ministerio. Comencé el procedimiento de seis pasos que ya he explicado. El primer paso, decidir perdonar, no fue muy difícil. Luego, oré la oración de perdón; lo que no fue muy difícil. El tercer paso, orar por la mujer, fue un poco más difícil. Pero el cuarto paso, bendecirla y negarme a hablar mal de ella, probablemente haya sido lo más difícil de todo. Daba la impresión que ella seguía adelante con lo que había hecho sin ninguna repercusión, mientras que mis sentimientos eran un torbellino. Finalmente, llegué al punto de creer que ella estaba engañada por el diablo y que ella creía que había sido obediente a Dios cuando hizo lo que hizo. Aunque yo trataba de aplicar el quinto paso, creyendo que mis emociones serían sanadas, mis sentimientos hacia esa mujer no cambiaron en seis meses. El sexto paso, esperar en el Señor, era especialmente difícil para mí porque tenía que verla todo el tiempo. Ella nunca se disculpó por sus acciones; ni siquiera demostró haber hecho algo mal. ¡A veces me sentía tan herida que pensaba que no podría soportar un solo día más! Le decía a

Dios: "Yo hice mi parte, confío en que tú cambiarás mis sentimientos". He aprendido que para que opere el proceso de sanidad, uno tiene que mantenerse firme en el terreno ganado ¡y no darse por vencido! Habían pasado seis meses. A veces, al ver a esta mujer, tenía ganas de explotar y decirle muchas cosas. Todo lo que podía hacer era pedirle al Señor que me ayudase a controlarme. Pasé varias etapas emocionales durante aquellos seis meses. Por momentos era más comprensiva que en otros. Un domingo a la mañana, durante el servicio, yo sabía que Dios quería que fuese hasta ella, la abrazara y le dijese que la amaba. Honestamente, no puedo decir que mi carne estuviese dispuesta. Pensé: "¡Ah, no, Señor, eso sí que no! ¡No me vas a pedir que sea yo quien vaya a ella cuando es ella quien tiene que venir a mí! ¿Y si con eso ella cree que soy yo la que estaba en falta?"

Yo quería que la mujer viniese a pedirme disculpas, pero sentía esta suave presión para que yo fuese a ella. El Espíritu Santo estaba tratando de guiarme hacia la bendición que Dios el Padre tenía reservada para mi vida. Con mucha frecuencia, el Señor trata de mostrarnos lo que nos va a bendecir, y no recibimos la bendición porque somos muy testarudos para hacer lo que Él nos muestra que debemos hacer.

Finalmente, me encaminé hacia la mujer, detestando en mi carne cada segundo pero deseando ser obediente al Señor. En cuanto me encaminé hacia ella, ella se encaminó hacia mí. Aparentemente, Dios también le había hablado a ella. Cuando nos encontramos, simplemente la abracé y le dije: "Te amo". Ella hizo exactamente lo mismo y con eso se acabó todo. Ella nunca se disculpó conmigo, ni siquiera mencionó lo ocurrido; sin embargo, por haber sido obediente, Dios rompió el yugo de la atadura. En cuanto a mí respecta, se acabó totalmente el incidente, por lo menos, en su mayor parte. De vez en cuando siento un poquito de dolor al ver a esta mujer o cuando alguien menciona su nombre, pero desde aquel día no me ha vuelto a atormentar emocionalmente la situación. Mi consejo para usted, consejo ganado por la experiencia es:

¡Obedezca a Dios y haga las cosas a su manera!

A veces va a ser difícil, pero es más difícil quedar esclavizado. Siempre recuerde esta afirmación. Es una de las enseñanzas preferidas que el Señor me ha dado:

Aunque duela liberarse, duele más estar atado.

15

Pago retroactivo
por heridas pasadas

Cada vez que una persona lo lastima, siente como si le debe algo. De igual manera, cuando usted lastima a alguien, puede que sienta que tiene que arreglar algo o retribuirle de alguna manera. El trato injusto o cualquier tipo de abuso, deja la sensación de una "cuenta sin pagar" en el campo espiritual. Esa "deuda" se siente en la mente y las emociones. Si llegan a ser muy pesadas y se las conserva mucho tiempo, puede que hasta vea malos resultados en su cuerpo debido a todo lo que usted siente que le deben y que usted debe. Jesús enseñó a sus discípulos a orar:

> *Padre, perdónanos nuestras deudas, así como nosotros perdonamos a nuestros deudores.*

Mateo 6:12

Él hablaba de pedirle a Dios que nos perdonara los pecados, pero se refería a ellos como "deudas". Una deuda es lo que una persona le debe a otra. Jesús dijo que Dios nos perdonaría nuestras deudas, nos libraría de ellas y las soltaría;

que Él iba a actuar como si nunca le hubiésemos debido nada. También nos mandó comportarnos de la misma manera con quienes nos debían a nosotros. Una vez más, esto puede resultar difícil, pero es mucho más difícil odiar a alguien y pasarse toda la vida tratando de cobrar una deuda que la persona no puede pagar.

La Biblia dice que Dios nos va a dar nuestra *recompensa*. (Isaías 61:7-8) Nunca le presté mucha atención a esa palabra hasta hace unos años atrás, cuando estudiaba el tema del perdón y la liberación de deudas. "Recompensa" es una palabra clave para cualquiera que haya sido herido. Cuando la Biblia dice que Dios nos dará la recompensa, básicamente quiere decir que ¡Dios mismo nos pagará lo que se nos debe!

A continuación hay algunas Escrituras con relación a esto.

En vez de vuestra vergüenza tendréis doble porción, y en vez de humillación ellos gritarán de júbilo por su herencia. Por tanto poseerán el doble en su tierra, y tendrán alegría eterna. Porque yo, el Señor, amo el derecho, odio el latrocinio en el holocausto. Fielmente les daré su recompensa, y haré con ellos un pacto eterno.

Isaías 61:7-8

Varias Escrituras dicen que Dios es un Dios de recompensa y que la venganza es de Él. Isaías 49:4 es el versículo que Dios usó en mi vida:

Y yo dije: En vano he trabajado, en vanidad y en nada he gastado mis fuerzas; pero mi derecho está en el Señor y mi recompensa con mi Dios.

Ciertamente trabajé en vano varios años. La palabra "vano" significa inútil. ¿Ha trabajado usted en vano? ¿Sus esfuerzos han sido inútiles? ¿Se ha agotado física, mental y emocionalmente tratando de retribuirle a quienes lo hirieron o a quienes usted hirió? La venganza es la manera de hacer un pago retroactivo por algún daño causado. El problema es que es en vano; no quita el dolor ni restaura el daño. Causa más dolor.

Muchas veces, aquellas personas que usted odia y de las que quiere vengarse, andan por ahí pasándola bien, sin saber siquiera lo que usted siente. Querido sufriente, esto es en vano. Como dice la Escritura, trabajé en vano y gasté mis fuerzas en nada hasta que aprendí a buscar a Dios para que me recompensara. "Recompensa" es una palabra similar en significado a compensación laboral. Si usted se lastima trabajando para Dios, Él le paga. "Recompensa" también significa premio. De acuerdo a la Biblia, Dios mismo es nuestro galardón (Génesis 15:1), pero él también nos recompensa haciendo algunas cosas especiales por nosotros, dándonos "gozo inefable" (1 Pedro 1:8) y la paz "que sobrepasa todo entendimiento" (Filipenses 4:7). Dios ha bendecido mi vida de tal forma que es difícil creer que sea yo quien se siente tan bien y tan bendecida.

Durante mucho tiempo estuve llena de odio y resentimiento. Estaba amargada, guardaba rencor y sentía lástima de mí misma. Me descargaba con cualquiera, especialmente, con quienes intentaban amarme.

Debe tener presente que usted alimentará aquello que posee. Cuando usted está lleno de ira, amargura y resentimiento, no sólo envenena las relaciones sino que se envenena a sí mismo. ¡De usted saldrá lo que está en su interior! En conversaciones, actitudes, hasta en el lenguaje del cuerpo y en el tono de voz.

Si usted tiene los pensamientos y su comportamiento envenenados, no hay manera que los pueda apartar para que no contaminen su vida entera. Entréguele al Señor el asunto del cobro. Él es el Único que puede hacer el trabajo adecuadamente. Ponga su vida de acuerdo a Sus caminos, y Él recogerá el pago de sus deudas y le pagará por todos los sufrimientos del pasado. Es realmente glorioso ver a Dios actuando.

Estoy dispuesto ¿pero cómo?

Escriba todas las deudas que debe y todas las que le deben a usted. Hablo de deudas en el campo espiritual, no las financieras. Crúcelas con dos rayas. *¡Cancélelas!* Diga en voz alta: "nadie me debe nada, cancelo todas las deudas y se las entrego a Jesús. Ahora Él está a cargo de recompensar lo que se debe".

Si usted ha lastimado a alguien, ciertamente, puede decirle a esa persona que lo siente y pedirle perdón. Por favor, no se pase la vida tratando de retribuir lo que le haya hecho a otros, es inútil. Solamente Dios puede. Aquí expongo un ejemplo práctico.

Cuando estaba criando a mis hijos, todavía tenía muchas emociones encontradas a causa de haber sido maltratada de niña. Habiendo sido lastimada y sin saber cómo hacer las cosas a la manera de Dios, terminé lastimando a mis propios hijos. Les grité mucho, tenía mal carácter y no les tenía paciencia. Era difícil llevarse bien conmigo y difícil de satisfacer.

A mis hijos les impuse muchas reglas. Les daba amor y aceptación cuando ellos seguían mis reglas y me enojaba cuando no lo hacían. No era muy misericordiosa. No me daba cuenta de que estaba tratando a mis hijos de la misma forma en que me habían tratado a mí, que es lo que hace mucha gente que ha sido objeto de abuso infantil.

Como resultado de haber vivido tantos años en una zona de guerra, mi hijo mayor desarrolló algunos problemas de conducta y algunas inseguridades emocionales. Parecía existir un espíritu de contienda siempre entre nosotros y, en general, no nos llevábamos bien. Por supuesto, después de recibir el bautismo del Espíritu Santo y de estudiar la palabra de Dios, quise reparar el daño que le había hecho. Quería arreglar las cosas por haberlo tratado de la manera en que lo traté. Se podría decir que quería retribuirle por el daño causado. ¿Cómo se hace eso de manera realista? Me disculpé ¿pero qué más? Durante un tiempo caí en al trampa de pensar que tenía que darle todo lo que él quisiera; después de todo, yo era quien estaba en deuda con él. Mi hijo tiene una fuerte personalidad y, en ese entonces, no estaba caminando en los caminos del Señor. Enseguida aprendió a hacerme sentir culpable. Me estaba manipulando y controlando emocionalmente, así como tratando de usar mi nueva relación con el Señor en su beneficio.

Un día, al intentar corregir su conducta, me dijo: "Bueno, si me hubieras tratado bien yo no sería así". Mi reacción fue "normal" en ese momento para mí; me fui a otra habitación sintiéndome mal conmigo misma. Pero esta vez, Dios me mostró algo. Dijo: "Joyce, tu hijo tiene la misma oportunidad de sobreponerse a su problema que tú". Tú lo heriste porque alguien te hirió. Lo sientes, te has arrepentido, no hay nada más que puedas hacer. No te puedes pasar el resto de tu vida tratando de deshacer lo que ya está hecho. Si él me deja, yo lo voy a ayudar". Sabía que le tenía que decir a mi hijo lo que el Señor me había dicho. Lo hice y tomé la decisión de dejar de pagarle retroactivamente. Él pasó unos años muy difíciles pero finalmente se puso más serio con Dios y comenzó su propio camino hacia la sanidad y la madurez. Ahora es uno de mis buenos empleados en Life In The Word (Vida en la Palabra) y también uno de mis buenos amigos, así como mi hijo y colaborador en Cristo. Le sugiero que usted examine esta área de su vida y deje que Dios lo recompense. Su galardón es grande. En las cosas de Dios, siempre hay un tiempo de espera, pero si usted sigue haciendo lo que Dios le ha pedido que haga, llegará el día. Va a cometer errores; pida perdón y siga adelante.

Un bebé que empieza a caminar, no lo hace bien sin caerse unas cuantas veces primero. Él se para y sigue a su destino. Venga a Jesús como un niño. Él le está extendiendo los brazos, vaya en Su dirección. Aunque se caiga varias veces, párese y siga adelante.

Antes de cerrar este capítulo, me gustaría reiterar este punto: no sólo caemos en la trampa de intentar pagar retroactivamente a las personas que nos lastimaron, sino que, a veces, volcamos nuestro dolor en personas que no tienen nada que ver con él; no fueron ellas quienes lo causaron.

Durante años quise cobrar mis deudas emocionales de mi esposo tan sólo porque él es un hombre y yo estaba relacionada con él. Este es un gran problema. Algunas mujeres odian a todos los hombres porque algún hombre las hirió. Un muchacho herido por su madre puede pasarse el resto de su vida adulta hiriendo y maltratando a las mujeres. Es una manera de cobrarse la deuda. Por favor, dése cuenta de que este comportamiento no resuelve el problema y nunca le dará la satisfacción interior de que la deuda esté finalmente paga. Existe una sola forma de cancelarla, y esa es a la manera de Dios.

16

Celos

Celo es desear lo que tiene otro. A la persona celosa no le importa que alguien se quede con lo que tiene, siempre y cuando ella tenga lo mismo.

¿Qué provoca los celos? Creo que una de las mayores causas es la inseguridad, la falta de conocimiento de lo que significa estar "en Cristo". El diablo nos miente diciendo que las demás personas son "mejores" que nosotros. Tiene éxito engañándonos con patrones de pensamientos negativos tales como: "si tan sólo tuviera lo que él tiene" o "si yo fuese como ella" o "si yo pudiese hacer lo que ellos hacen". Creemos que si fuésemos como los demás, entonces seríamos tan "buenos" como ellos. Esta manera equivocada de pensar nos llena de celos y envidia.

La envidia se diferencia de los celos en que el envidioso no quiere que los demás tengan lo que él tiene. En otras palabras, no es suficiente ser tan bueno como alguien. Eso no lo satisface, él quiere ser mejor que la otra persona. Uno de los Diez Mandamientos dice: "No codiciarás" (Éxodo 20:17). La ley del Antiguo Testamento declara que una persona se tiene que ganar el favor de Dios perfeccionándose y ofreciendo sacrificios para corregir las imperfecciones. ¡Eso era imposible! Si la gente trabajaba y se esforzaba mucho, podía guardar los primeros nueve mandamientos. Pero el décimo, "no codiciarás", no lo podían guardar porque tiene que ver con el corazón y los deseos del individuo. Para ser justo, de acuerdo a los parámetros de la Ley, a la persona se le pedía guardar perfectamente toda la ley. No era suficiente "guardarla casi toda". Por lo tanto, la gente era atrapada en el mandamiento de codiciar la casa del vecino, o sus siervos o cualquier cosa que tuviera. Este mandamiento habla fuerte y a las claras de cuán desesperadamente el ser humano necesita un Salvador. Los seres humanos tenemos que tener ayuda o nunca estaríamos limpios ante Dios. Bajo el Nuevo Testamento, el valor y la dignidad de una persona están basados, estrictamente, en "estar en Cristo", en virtud de creer que Él es todo lo que el ser humano necesita. Cristo es nuestra justicia. Somos justos, no por tener lo que otro tiene, sino por fe en Él. Comprender esta verdad nos da seguridad y elimina por completo la necesidad de ser celosos o envidiosos.

Partes de un mismo cuerpo

Uno de los mejores ejemplos que Dios me ha dado, surgió un día que estaba enseñando sobre los celos. Use su imaginación y piense en esto: yo tengo un cuerpo que está compuesto de diferentes partes. Cada una de las diferentes partes de mi cuerpo físico es distinta. Cada una es diferente, cumple diferente función y tiene capacidad diferente. Algunas partes son más visibles, otras están ocultas y raramente se ven. (En 1 Corintios 12 el apóstol Pablo usa este mismo ejemplo al comparar el cuerpo de Cristo con nuestro cuerpo físico.)

En mi dedo uso un anillo y mi ojo tiene el privilegio de ver el anillo en el dedo. El ojo nunca usa un anillo. Ahora bien, si el ojo quisiera usar un anillo y empezara a quejarse y a querer un anillo para sí, y *si* Dios quisiera hacer feliz al ojo celoso dándole lo que pide, ¡piense el desastre que sería mi cuerpo! Si el ojo usara anillo, la cabeza tendría que girar de tal manera que el ojo ya no serviría de guía al resto del cuerpo porque no podría ver. Por lo tanto, el punto uno es que cuando queremos ser algo para lo cual Dios no nos hizo, evitamos que se cumpla nuestra función en el cuerpo de Cristo. Y si el ojo usara anillo se privaría del placer de ver el anillo en el dedo, que es el placer que Dios quiere que tenga el ojo. Recuerde: el dedo usa el anillo y el ojo lo ve. El ojo fue creado para disfrutar ver lo que se le ha dado al resto del cuerpo. El punto dos es obvio: cuando una persona quiere ser otra, se priva del *placer* que sería suyo si tomara su lugar correcto en el cuerpo y estuviera satisfecho cumpliendo la parte que Dios designó para él. Personalmente creo que esta es una razón por la cual mucha gente que va al cielo no disfruta el viaje.

Si usted se quiere divertir unos minutos, sáquese el anillo del dedo e intente ponérselo en el ojo. Recibirá claramente el mensaje. Como ya mencioné, Dios me enseñó esto mientras estaba enseñando. Amplió la enseñanza usando manos y pies. Piense en lo siguiente: cuando me pongo zapatos nuevos, mis manos también están contentas *¡de poder ayudar a los pies a calzarse los zapatos nuevos!*

Esta es la forma en que se supone tiene que funcionar el cuerpo; ninguna parte se tiene que poner celosa o sentir envidia de otra. Cada parte sabe que ha sido creada en exclusividad con un propósito por el Creador. Cada parte disfruta la función que se le asignó en el cuerpo, sabiendo que, a los ojos de Dios, ninguna parte es mejor que la otra. Las diferentes funciones no hacen que una parte sea inferior a otra. Cada parte tiene la libertad de disfrutar su lugar y su función y *ayudar a las otras partes cuando es necesario* sin ninguna vacilación. Las manos no le dice a los pies: "bueno, si creen que los vamos a ayudar a ponerse los zapatos nuevos ¡están muy equivocados! A decir verdad, creo que nosotras también necesitamos zapatos. ¡Ya estamos cansadas de usar guantes y anillos! Queremos tener nuestros propios zapatos y ser como ustedes".

¡*No!* Así no contestan las manos cuando los pies tienen que ponerse zapatos nuevos y necesitan ayuda. Y esta *no* es la forma en que debemos responder cuando alguien que conocemos necesita nuestra ayuda. Tenemos que estar prestos a darle a los demás toda la ayuda que podamos para que puedan ser todo lo que pueden ser y disfrutar todas las bendiciones que Dios desea derramar sobre ellos. Hágase la pregunta: "¿Estoy usando el anillo en el ojo o los zapatos en las manos?" De ser así, no se sorprenda si se siente desgraciado y no tiene gozo.

En el tercer capítulo del evangelio de Juan, los discípulos de Juan el Bautista le traen la información de que Jesús está bautizando como lo estaba haciendo Juan y que mucha gente estaba yendo a ser bautizada por Jesús y no por Juan. A Juan se lo dijeron con espíritu equivocado; lo hicieron para que se sintiera celoso. Los discípulos que le trajeron la noticia, obviamente estaban inseguros y fueron usados por el diablo en un intento de movilizar algunos sentimientos equivocados en Juan hacia Jesús.

> *Respondió Juan y dijo: Un hombre no puede recibir nada si no le es dado del cielo. (El hombre debe contentarse con recibir el regalo que se le da del cielo; no existe otra fuente).*

Juan 3:27

Lo que Juan estaba diciendo era que fuera lo que fuese que Jesús hiciera, era un don del cielo. Juan sabía para qué lo había llamado Dios a él y sabía para qué había venido Jesús. También sabía que una persona no puede ir más allá de su llamado o de su don. Juan les estaba diciendo a sus seguidores: *conténtense*. Sabía que Dios lo había llamado a ser el precursor de Jesús, a preparar el camino para Él y que cuando llegase el momento de que Jesús pasara al frente, él tendría que quedar relegado. Estas son las palabras de Jesús a sus discípulos en respuesta a su declaración en relación con las multitudes que seguían a Jesús:

Es necesario que Él crezca y que yo disminuya (Él tiene que tomar prominencia y yo debo menguar).

Juan 3:30

¡Qué gloriosa libertad!

Estar seguro en Cristo es un sentimento maravilloso y no tener que estar compitiendo con nadie.

Liberado de la competición

No nos hagamos vanagloriosos, provocándonos unos a otros, envidiándonos (compitiendo) unos a otros.

Gálatas 5:26

En Gálatas 6:4 el apóstol Pablo nos exhorta a creer en el Señor hasta llegar al punto de... *tener motivo para gloriarse solamente con respecto a sí mismo y no con respecto a otro.*

Gracias a Dios que una vez que sabemos quiénes somos "en Cristo" quedamos liberados del estrés de la comparación y la competición. Sabemos que somos valiosos sin considerar los logros o las obras. Por lo tanto, podemos hacer lo mejor para glorificar a Dios, no para tratar de ser mejores que alguna persona. Con bastante frecuencia la gente le pregunta a mi marido o a mí cómo se siente Dave por estar casado con una mujer que hace lo que yo hago. Soy la voz en la radio, la cara en la televisión; soy quien se para en la plataforma delante de la gente, de quien se habla y a quien se ve más. En otras palabras, soy el foco de nuestro ministerio. Dave es el administrador, una función importante pero que se hace desde una posición no tan visible. Su trabajo es detrás del telón y no en el escenario, como el mío.

Nuestra situación es única ya que usualmente es al revés. Por lo general, en un equipo, el hombre es quien ocupa la posición central mientras que su esposa está detrás de la escena ayudándolo. Mi esposo es lo suficientemente seguro como para que su sentido de valía no se afecte por lo que hace o deja de hacer. Es más, es tan seguro que (en obediencia al Señor) ha podido ayudarme a ser todo lo que puedo ser en Cristo. Él está contento en ayudarme a lograr el llamado de Dios en mi vida y, en el proceso, está cumpliendo el llamado de Dios en su propia vida.

¿Cuál es el llamado de Dave y qué hace? Ciertamente, su posición es tan importante como la mía. Simplemente, no es tan notable públicamente. Como administrador del ministerio, él supervisa las finanzas, vigila cuidadosamente los contratos de radio y televisión de nuestras trasmisiones de Life In The Word para estar seguro de que llevan buen fruto y maneja todos los arreglos de viajes. En nuestras reuniones, a Dave le encanta trabajar detrás de la mesa donde se exhiben nuestros casetes de enseñanza, hablar con la gente y ministrarle. Muchas veces le he pedido que comparta conmigo la plataforma, y su respuesta siempre ha sido la misma: "Ese no es el lugar en el que se supone debo estar. Conozco mi lugar, y me voy a quedar acá". Esa es la afirmación de un hombre maduro y seguro.

La gente suele preguntarle: "¿Usted es el esposo de Joyce?" Él contesta: "No. Joyce es mi esposa".

Dave cumple numerosas funciones importantes en nuestro ministerio, pero resumiendo su papel, él dice: "Dios me llamó a ser la cobertura de Joyce para que ella esté donde Dios la ha colocado. Yo me aseguro de que no la lastimen y me encargo de que no tenga problemas". A veces quiero hacer cosas que Dave no me deja porque él piensa que no son sabias o que no es el momento adecuado. Debo decir que no siempre me gusta sujetarme a sus deseos, si no coinciden con los míos, pero he aprendido que sus dones equilibran nuestra vida en común y nuestro ministerio conjunto.

Dave luchó con esta situación al principio. A decir verdad, no quería para nada estar en el ministerio. Sin embargo, Dios le mostró que Él me había dado el don de enseñar su Palabra. Dave dice: "Dios no me pide que me someta a mi esposa, pero sí me pide que me someta al don que Él le dio". Dave dice que Dios le mostró que el don era de Él y que al someterse al don y dejarme hacer lo que Dios me mandó hacer, él se estaba sometiendo al mismo Señor.

Dave no sólo me permite hacer lo que Dios me manda hacer sino que me ayuda. Considere que es un gran honor estar casada con Dave Mayer. En lo que a mí respecta, es el mejor hombre que conozco. También es la persona más feliz y contenta que haya conocido. Cuando digo que siempre está feliz, eso es lo que quiero decir, literalmente. Él disfruta la vida a plenitud. Creo, y también Dave, que este gozo es el resultado de la sujeción a Dios y no tratar de ser algo para lo cual el Señor no lo llamó.

Él no compite con nadie. Él no trata de probarle nada a nadie.

Firmemente arraigados

...arraigados y cimentados en amor.

Efesios 3:17

Cuando estamos liberados de la necesidad de competir con otras personas, somos libres para ayudarlos a triunfar. Cuando realmente sabemos quiénes somos, no tenemos que pasarnos la vida tratando de probar nuestra valía, ni a nosotros mismos ni a los demás.

Dave sabe que él es importante para Dios y lo que el mundo piense de su posición con relación a la mía lo tiene sin cuidado. Creo que la decisión de Dave y su vida pueden servir de testimonio a muchos. Hay mucho que hacer en el reino de Dios y se logrará mucho mejor si todos trabajamos juntos con las capacidades individuales que Dios nos ha dado.

Dejemos de lado los *celos, la envidia, la competencia* y la *comparación*. Recuerde que esos problemas están enraizados en la inseguridad. La buena noticia es que podemos liberarnos de la inseguridad y ser libres del motivo que la origina. Isaías 54:17 dice en la segunda parte: ...*Esta (paz, justicia, seguridad, vencer la oposición) es la herencia de los siervos del Señor...* ¡Esto significa que parte de nuestra herencia como hijos de Dios es la seguridad! Empiece a gastar su herencia ahora.

Disfrute la alegría, satisfacción, paz y gozo que provienen de saber que Dios lo ama y lo ve justo y valioso a través de su fe en su Hijo Jesús. Esté firmemente arraigado y seguro en el amor de Jesucristo por usted.

17

Adicciones
emocionales

Con anterioridad he mencionado "comportamiento adictivo" para describir los tipos de conducta que se pueden desarrollar cuando una persona ha sido objeto de abuso y tiene una naturaleza vergonzosa. En esta sección, me gustaría tratar, específicamente, con lo que llamo "adicciones emocionales" y cómo romperlas.

En este contexto, una *adicción* puede definirse como una conducta compulsiva, con frecuencia en respuesta a algún estímulo, sin pensarlo conscientemente. Las personas que han sufrido, tienden a *reaccionar* en vez de *accionar*. Esto significa que reaccionan basados en sus heridas emocionales en vez de actuar de acuerdo a la sabiduría y la Palabra de Dios.

Por muchos años, cada vez que me enfrentaba a una situación o con una personalidad que me recordaba mi pasado, respondía emocionalmente, reaccionaba por miedo en vez de actuar en fe. Este tipo de incidentes pueden ser muy confusos en la víctima herida porque todo pasa tan rápido que ni siquiera entiende por qué se comporta de esa manera.

Por ejemplo, la persona que me maltrató tiene una personalidad fuerte y dominante. Fui sometida a muchas manipulaciones y control durante mi niñez. Decidí y me prometí a mí misma repetidas veces que cuando fuese lo suficientemente grande como para irme de casa y arreglármelas sola, nadie me iba a controlar de nuevo.

En los años subsiguientes, tuve una idea distorsionada de la autoridad. Veía a todas las figuras de autoridad como mis enemigas. Tenía tanto miedo de ser controlada y manipulada que cuando alguna persona trataba de hacerme hacer algo que yo no quería, reaccionaba con rabia o me retiraba. Generalmente, los incidentes eran por cosas sin importancia. Hasta una sugerencia de alguien que no estuviera en línea con mis deseos me podía hacer reaccionar violentamente. No entendía mis reacciones; como tampoco los demás. Lógicamente, sabía que me estaba portando mal; no quería actuar de ese modo, pero me sentía incapaz de cambiar.

Dios me empezó a enseñar acerca de las adicciones emocionales, mostrándome que, en cierta medida, así como la gente se hace adicta a algunas sustancias químicas en su cuerpo físico (drogas, alcohol, nicotina, cafeína, azúcar) también pueden desarrollar adicciones mentales y emocionales. Recuerde que una adicción es "un comportamiento compulsivo hecho sin pensarlo". Mis reacciones violentas eran, básicamente, mi manera de decirle a la gente *¡no me van a controlar!*

Tenía tanto miedo de ser controlada que reaccionaba excesivamente en cada situación tratando de protegerme cuando no había ningún problema real. La rabia decía: "¡No voy a dejar que me controles!" Y el rechazo decía: "¡No te voy a permitir que te metas conmigo!" Una persona no puede resultar herida si no se involucra en una relación. Por lo tanto, cuando pasaba algo doloroso, o atacaba a la persona o me negaba a encarar el problema. Ambos comportamientos son desequilibrados y no bíblicos; solamente aumentan el problema de adicción alimentándolo.

Si una persona es adicta a las drogas, cuanto más drogas consume, más las necesita. Cuanto más tiempo se deje controlar por las drogas, más demandará la droga. A la larga, la droga la consume. Tiene que romperse la adicción. Eso significa negarle a la carne la sustancia a la que está acostumbrada y pasar el dolor de la abstinencia para poder ser libre. Se aplica el mismo principio a las adicciones emocionales y mentales.

Adicción a estar preocupado y a racionalizar

Una de mis adicciones mentales era estar preocupada. Estaba preocupada, siempre preocupada. Aunque no hubiese nada de qué preocuparse, yo encontraba algo. Desarrollé un falso sentido de responsabilidad, siempre intentando resolver problemas para los cuales no tenía solución. Vivía en constante confusión.

Como resultado, mi mente estaba constantemente llena de temores y razonamientos. Aunque esto me dejaba física y mentalmente exhausta y me robaba cualquier atisbo de gozo, no lo podía controlar. Preocuparme y racionalizar eran mis únicas respuestas al problema. Aunque mi comportamiento era anormal, para mí era normal porque esa era la forma en que *siempre* reaccionaba a los problemas.

La palabra de Dios dice: "Confía en el Señor" (Salmo 37:3). Pero no es fácil confiar si uno ha sido maltratado. La gente en quien usted confiaba que lo cuidaría, no lo hizo sino que abusó de usted. Lo lastimaron terriblemente; por lo que usted se prometió a sí mismo que nunca más nadie lo volvería a lastimar. Usted no espera para ver si lo van a herir o no; usted, simplemente, levanta muros de protección alrededor suyo para protegerse del daño.

Una de las maneras en que se protege es tratando de imaginarse todo. Si lo logra, tiene todo bajo control y no hay nada que lo tome por sorpresa.

Cuando Dios comenzó a obrar en mi vida, me mostró claramente que era adicta a preocuparme y a racionalizar y que tenía que desprenderme de ello. Si se presentaba un problema y no intentaba resolverlo, me sentía totalmente fuera de control por dentro. Debe recordar que yo quería tener control completo de todo lo que pasaba a mi alrededor; pensaba que así nada me lastimaría.

Yo creía que podía cuidar muy bien de mí misma, pero no creía que alguna otra persona pudiese hacerlo.

Niéguese a sí mismo

Si alguno quiere venir en pos de mí, niéguese (olvídese, no haga caso, no se mire a sí mismo y sus propios intereses) a sí mismo... y sígame.

Marcos 8:34

Mientras el Señor seguía trabajando pacientemente conmigo, me enseñó que podía confiar en Él, que podía creer que Él estaba obrando en mis problemas, a pesar de que yo no lo estuviese haciendo. Mi parte era dar un paso de fe y negarme a tener miedo o racionalizar. Tenía que *negarle* a mi mente la conducta negativa a la que estaba acostumbrada. Con el tiempo, en la medida que lo fui haciendo, me fui liberando hasta quedar totalmente libre. Tuve algunos síntomas: sentimiento de temor, estar fuera de control y hasta me sentí "estúpida". (El diablo intentará cualquier cosa para mantener esclavizada a una persona, hasta hará que se sienta ridícula.)

En Marcos 8:34 Jesús nos enseña que para poder seguirlo a Él debemos negarnos a nosotros mismos y seguirlo a su manera, no a la nuestra. Mi manera era ocuparme de mí misma. Su manera es que depositemos nuestra vida en Él y aprendamos por experiencia que Él nunca nos dejará ni nos abandonará. (Hebreos 13:5.) Para aprender esta verdad, tuve que deponer "mi manera".

Como un niño frágil

He calmado y acallado mi alma; como niño destetado en el regazo de su madre; como niño destetado reposa (deja de batallar) en mí mi alma.

Salmo 131:2

Evidentemente, el salmista estaba consciente de lo mismo que estamos analizando en este capítulo acerca de romper adicciones. Hasta menciona la fragilidad de su *alma*. Generalmente al alma se la define como la mente, la voluntad y las emociones. En este pasaje vemos que esta área se puede hacer adicta a cierto tipo de comportamiento, así como el cuerpo se puede volver adicto a cierto tipo de sustancias. Al negarle a mi mente el poder temer y racionalizar, depongo mi adicción mental así como el infante tiene que dejar el pecho. Y así como el niño llora y hace cualquier cosa por volver al pecho o al chupete, también yo me enojé y luché y tuve compasión de mí misma. De vez en cuando tuve ataques de temor, pero seguí conformándome a la manera de Dios hasta que estuve totalmente liberada de hacerlo a mi manera. Jesús dijo que Él había venido a liberar a los cautivos (Lucas 4:18) y que a quien el Padre liberara sería verdaderamente libre (Juan 8:36).

18

Intimidad y confianza

Para una persona que ha sido objeto de abuso, la intimidad, generalmente, es algo muy difícil. La intimidad requiere confianza y una vez destruida la confianza, primero hay que restablecerla para que la intimidad pueda ser agradable.

Como las personas siempre se hieren, no podemos esperar que los demás no nos lastimen. Yo no puedo decirle: *sólo confíe en la gente, no lo van a lastimar*. Puede que no tengan la intención de herirlo, pero debemos enfrentar la realidad que "las personas se lastiman".

Como ya he mencionado, mi marido es un hombre bondadoso, maravilloso y fácil de llevar, pero hay momentos en los que me hiere, asimismo como hay momentos en que yo lo hiero a él. Hasta la gente que se ama mucho, a veces, se lastima y se decepciona. Me llevó varios años sentirme cómoda en la intimidad con mi marido y puedo decir, honestamente, que disfruto nuestra vida sexual. Tenía tanto miedo de ser herida y que se aprovecharan de mí que no me podía relajar. Mi actitud básica era: "Si tenemos que hacer esto, acabemos de una vez, así me olvido y puedo seguir haciendo alguna otra cosa". Por supuesto, mi marido sentía mi actitud aunque yo trataba de ocultar mis verdaderos sentimientos y hacía como que disfrutaba de nuestras relaciones sexuales.

Mi actitud hacía que Dave se sintiera rechazado. De no haber sido un cristiano maduro con cierto discernimiento del Señor acerca de lo que me estaba pasando, mi actitud hubiese ocasionado serios daños al concepto que se tenía como hombre y como marido. Una vez me dijo: "Si dependiese de ti decir qué clase de hombre soy, me encontraría en un serio problema".

Me siento agradecida de que el Señor me haya dado un cristiano maduro por esposo. Estoy agradecida de no haberlo destruido mientras me sanaba. Con frecuencia, la gente con problemas se casa con gente con problemas. Después de destruirse el uno al otro, los problemas recaen en los hijos, quienes, a su tiempo, llegan a ser la nueva generación de atribuladas y atormentadas personas.

Durante muchos años evadí estos temas. En lo más profundo de mi ser sabía que tenía que enfrentar mi actitud concerniente a las relaciones sexuales y la intimidad pero seguía *postergando* el asunto mes tras mes, año tras años. ¿Usted suele postergar las cosas que Dios quiere que resuelva? Lo hacemos porque algunos asuntos son muy dolorosos, inclusive de pensarlos, mucho menos de encararlos.

Finalmente tomé la decisión de dejar de posponerlo y encaré la verdad. En esta situación la verdad era la siguiente: 1) Yo tenía un problema y castigaba a Dave. 2) Él había sido muy paciente conmigo pero era hora de resolver el problema. 3) Si me seguía comportando como lo estaba haciendo, el diablo me seguiría derrotando porque estaba permitiendo que el pasado afectara mi presente y mi futuro. 4) Postergar abordar el problema no sería nada más que desobedecer directamente al Espíritu Santo.

Por supuesto, tenía mucho miedo. Ni siquiera sabía cómo empezar. Recuerdo haberle clamado a Dios: "¿Pero cómo piensas que puedo confiar en Dave? ¿Y si se aprovecha de mí? O si..." El diablo nunca termina con los *y si*. Recuerdo que el Señor me dijo específicamente: "No te estoy pidiendo que confíes en Dave; te pido que confíes en mí". Esto puso la situación en una perspectiva muy diferente. Era más fácil para mí confiar en Dios que en la gente; Y por allí empecé.

Simplemente, me comprometí a hacer lo que el Señor me mostrara hacer para confiar en él. Por ejemplo: siempre quería apagar las luces cuando hacíamos el amor. Recuerdo haberme dado cuenta de dejarlas encendidas, y así lo hice. Fue difícil, pero después de algunas veces se fue haciendo más fácil. Ahora me siento en libertad de dejarlas prendidas o apagadas; ya no me importa porque no me estoy escondiendo de nada.

Otro ejemplo: nunca, nunca me acercaba a Dave mostrándole algún interés en tener relaciones sexuales. Había momentos en que lo deseaba, mi cuerpo tenía la necesidad pero *no me podía acercar a él*. Me empecé a dar cuenta de que cuando lo deseaba, tenía que hacer algo para que él lo supiera. Esto era particularmente difícil porque pensaba que la relación sexual era mala y sucia ya que así lo había conocido en mi niñez.

Mis primeras experiencias sexuales fueron pervertidas, por lo que mi actitud hacia el sexo era errónea. Mentalmente sabía que la relación sexual fue originalmente una idea de Dios pero no podía superar mis sentimientos. Una vez más, tomar "acción obediente" fue lo que rompió la atadura y ahora también soy libre en estA área.

Por favor, dése cuenta de que cuando el Espíritu Santo lo urge a hacer algo, lo hace para ayudarlo, para bendecirlo y para liberarlo.

El Espíritu Santo es el Ayudador y sólo piensa en lo mejor para usted.

Puede que la gente lo lastime, pero Dios no. Algunas cosas que Él le indique puede que le duelan algún tiempo, pero al final obrarán para bien. Al continuar en este proceso de escoger hacer lo que el Señor me mostraba, fui gozando de una progresiva libertad; y así será con usted. Pasaron muchas cosas como para mencionarlas aquí, pero pienso que usted entiende de qué estoy hablando. Usted se enfrentará a su propia situación y el Espíritu Santo lo acompañará en su proceso de sanidad en relación con la intimidad y la confianza.

¡Niéguese a vivir el resto de su vida en la prisión de la sospecha y el temor!

Confíe en el Señor

Sé que ya he dicho esto, pero me siento impulsada a volver a decirlo. Lo que más me ayudó en el área de la confianza, así como en otras, fue sencillamente, tomar conciencia de que Dios no nos pide que pongamos nuestra confianza en el hombre sino en Él. Podemos confiar en la gente en una forma equilibrada. Si no lo hacemos así, resultaremos heridos. Con frecuencia, Dios usa estas situaciones para enseñarnos la sabiduría de mantener relaciones equilibradas.

Buscando soluciones en esta área, he recurrido a Jeremías 17:5-8, empezando en el versículo 5: *Así dice el Señor: Maldito el hombre que en el hombre confía y hace de la carne su fortaleza, (humano) y del Señor se aparta su corazón.* Piense en este versículo. Dice claramente que vamos a encontrar maldición (problemas) si le damos al hombre la confianza que le pertenece al Señor.

En el versículo seis encontramos estas palabras: *Será como arbusto en el yermo y no verá el bien cuando venga; habitará en pedregales en el desierto, tierra salada, sin habitantes.* Creo que el punto queda bien marcado: muchas personas son infelices y tienen problemas simplemente porque esperan que otras personas suplan sus necesidades, cuando deberían estar mirando a Dios.

"Hace de la carne su fortaleza" mencionado en el versículo cinco se puede referir a la confianza en uno mismo así como en los demás. Cuando yo misma quiero satisfacer mis necesidades, fracaso; y cuando busco que otros me las satisfagan, me fallan. El Señor pide que lo dejemos a Él. Cuando miramos al Señor, Él generalmente usa personas para que satisfagan nuestras necesidades, pero estamos dependiendo del Señor y lo buscamos a Él y no a la gente por medio de la cual Él obra; este es el equilibrio que Él pide de nosotros.

La buena noticia aparece en el versículo siete: *Bendito es el hombre que confía en el Señor, cuya confianza es el Señor.* Vemos que hay grandes bendiciones para nosotros cuando confiamos en Dios y ponemos nuestra confianza en Él. Hubo veces en el pasado en que me sentía desilusionada y me enojaba con la gente porque no me alentaban como yo necesitaba. Como resultado, me resentía y sentía autocompasión, comportamiento que mi familia no entendía. Claro que no me daba resultado porque estaba buscando que la gente supliera mis necesidades cuando tendría que haber buscado en Dios.

El Señor me enseñó que cuando necesitaba estímulo se lo tenía que pedir a Él. Mientras aprendía a hacerlo, descubrí que Él suplía esa necesidad a través de la fuente que Él mismo escogía. Aprendí que no tenía que ponerle presión a mis relaciones para obtener lo que Dios podía darme.

Finalmente, el versículo ocho dice que la persona que pone su confianza y su esperanza en el Señor: *Será como árbol plantado junto al agua, que extiende sus raíces junto a la corriente; no temerá cuando venga el calor, y sus hojas estarán verdes; en año de sequía no se angustiará ni cesará de dar fruto.* Este versículo nos asegura que cuando colocamos nuestra confianza en Dios en vez de hacer de la débil "carne nuestra fortaleza" estaremos *estables.* Enfatizo esta palabra porque es muy importante en nuestro análisis. Nunca habrá un verdadero gozo en la vida sin sentir estabilidad.

Deje que estos versículos lo alienten a colocar su confianza en Dios y no en el ser humano.

No busque que otros satisfagan sus necesidades; busque a Dios. Todo lo que el hombre pueda hacer por usted, Dios lo arregla.

Un último pensamiento con relación a la intimidad. Dios nos ha creado para disfrutarnos. La Biblia dice, especialmente, que el marido y la mujer deben disfrutarse el uno al otro (Proverbios 5:18). Parte de ese disfrute se hace en la intimidad del matrimonio. Tome un paso de fe y dése cuenta de que el miedo de ser herido lo está hiriendo más que enfrentar ese miedo y liberarse. Confíe en Dios con la gente en su vida. Usted no podrá manejarla, pero Dios puede.

La importancia del equilibrio en las relaciones

Pregúntese si hay alguna relación en su vida que no sea equilibrada. ¿Hay alguien de quién usted dependa demasiado? Cuando tiene un problema ¿corre al Trono o al teléfono? ¿Busca que la gente le dé felicidad o está buscando al Señor? Recuerdo que en una época me asaltaba el temor de que algo le pasara a mi marido. Comencé a pensar: "¿Qué pasaría si Dave se muere?" Era un pensamiento que me aterraba, lo que no era común en mí. Nunca jamás se me había ocurrido pensar qué haría si Dave muriera hasta ese momento. Como muchas mujeres que disfrutan de un buen matrimonio, dependía mucho de mi marido. Dave es bueno conmigo y al pensar en todas las cosas que hace por mí me aterraba más todavía. Entonces el Señor me habló en lo profundo de mi corazón: "Joyce, si Dave se muere, seguirás haciendo todo lo que estás haciendo. No es Dave quien te sostiene ni te hace hacer todo lo que haces; soy yo. Por lo tanto, pon tu confianza en mí, donde corresponde. Confía en Dave, pero no pierdas el equilibrio correcto".

Quisiera compartir un último ejemplo con relación a ciertas amistades y relaciones de trabajo. La intimidad sexual no es la única forma de intimidad que se debe restaurar en las personas heridas. Quienes han sido maltratados, generalmente tienen dificultades para mantener cualquier tipo de relación. No solamente se afecta la relación matrimonial sino que Satanás usa sus heridas y desilusiones para arruinar sus relaciones cercanas. Como muchas otras personas en el mundo, no sólo yo fui objeto de abuso infantil; pero a pesar de haber salido de esa situación, seguía sintiéndome herida con mucha facilidad por casi todo el mundo. Cuando finalmente fui parte de la iglesia, pensé que, seguramente, allí la gente no me lastimaría. Pronto descubrí que el dolor no cesaba simplemente por ser miembro de la iglesia. Es más, en algunas circunstancias, se acrecentaba. Para mí, el resultado fue que no confiaba en los hombres porque un hombre me había hecho sufrir, afectando mi intimidad marital. También fui gravemente herida por parientes y amigos en varias ocasiones, por lo que tenía miedo de confiar en nadie. A medida que fue pasando el tiempo, Dave y yo nos fuimos involucrando más en el ministerio y vino a trabajar con nosotros una pareja quienes, definitivamente, eran enviados por el Señor. Ellos están ungidos para ser nuestro "escudo". Oran por nosotros regularmente, trabajan hombro a hombro con nosotros y están dispuestos a hacer lo que haya que hacer. Son muy buenos con nosotros y nos facilitan mucho la vida.

El espectro de nuestro ministerio sería muy diferente si no contásemos con esta magnífica pareja, o alguien como ellos, que nos ayudase. A causa de los años de sufrimiento vividos, no les abrí mi corazón en seguida, pero a medida que pasaba el tiempo empecé a confiar mucho en estas personas y a depender mucho de ellos.

Un día leí un pasaje en el que el salmista decía algo acerca de un buen amigo que había levantado contra él su calcañar (Salmos 41:9). Sabía que ese versículo se aplicaba a mí y empecé a preguntarme de quién me estaba alertando el Señor. Sabía que Él me estaba avisando algo porque me topaba cada dos por tres con la misma Escritura. Estaba convencida de que Dios me estaba diciendo algo. Empecé a preguntarme si Él no me estaría mostrando eso advirtiéndome que esta pareja me iba a lastimar.

Por último, el Señor fue lo suficientemente claro como para que yo entendiese que Él me advertía que no dejase que la relación se desequilibrara. Él me enseñó que podíamos tener una relación íntima, disfrutar años de lealtad y fiel servicio y producir mucho fruto para su reino. Pero Dios me advertía específicamente que "no pusiera en ellos la confianza que le pertenecía a Él". Él me hizo saber que me había traído esa pareja y que Él, ciertamente, la sacaría de nuestra vida si ponía mis ojos en ellos como fuente de ayuda en vez de ponerlos en Dios. Aunque la intimidad en la amistad es bíblico, no debe perder el equilibrio. Piense en David y Jonatán. Dice la Biblia que el alma de ambos estaba ligada (1 Samuel 18:1). Se ayudaban el uno al otro y disfrutaban de una seria amistad. Para Dios, es importante una relación equilibrada. ¿Por qué insisto en el equilibrio de las relaciones? El apóstol Pedro dice: *Sed de espíritu sobrio, estad alertas. Vuestro adversario, el diablo, anda al acecho como león rugiente, buscando a quien devorar* (1 Pedro 5:8). Sea equilibrado y el diablo no lo va a devorar ni a usted ni a sus relaciones.

19

Por fin libre

El camino a la libertad no es, necesariamente, fácil. De todas maneras, seguir avanzando hacia la libertad es, definitivamente, mucho más fácil que seguir esclavizado.

Por tanto, puesto que Cristo ha padecido en la carne, armaos también vosotros con el mismo propósito, pues quien ha padecido en la carne ha terminado con el pecado, para vivir el tiempo que le queda en la carne, no ya para las pasiones humanas, sino para la voluntad de Dios.

1 Pedro 4:1-2

Un estudio cuidadoso de este pasaje revela que tenemos que armarnos de pensamientos apropiados, tales como: "prefiero sufrir con Cristo para hacer lo correcto que seguir esclavizado al pecado". Es importante tener la mente "bien puesta" para lograr la victoria. Cuando empecé a tomar conciencia de que Jesús podía y deseaba liberarme, quería descansar en esa promesa pero mi actitud era "no voy a sufrir más, ya he sufrido bastante y no me voy a someter a nada que me recuerde, ni remotamente, sufrimiento emocional. El Espíritu Santo me llevó a pasajes en los cuales vi que mi mente no estaba bien orientada y tenía que prepararme o armarme de cosas correctas.

Comencé a orar de la siguiente manera: "no quiero sufrir más, pero lo haré en vez de seguir esclavizada. De todas maneras estoy sufriendo, pero este sufrimiento no tiene fin. Si estoy dispuesta a que Jesús me lleve a través de cualquier cosa que sea para liberarme, me va a doler un tiempo, pero al final será un sufrimiento que me conducirá a la victoria, a una nueva vida, libre de dolor emocional". Un buen ejemplo es el ejercicio físico. Si mi cuerpo estuviese completamente fuera de línea como consecuencia de malos hábitos alimenticios y falta de ejercicio, sufriría porque estaría cansada y me sentiría mal todo el tiempo. Si no hago nada, el sufrimiento sigue día tras día. Si quiero estar en forma tengo que empezar a hacer ejercicios y seleccionar los alimentos, evitando los que me hacen mal.

Durante un tiempo, tendré dolores musculares. Me sentiré irritada si no le doy ciertos "alimentos adictivos" que acostumbraba darle a mi cuerpo. Esto es una clase de sufrimiento. Tendría que reorganizar mi tiempo para hacer ejercicios y eso produciría cierta clase de dolor porque tendría que hacer elecciones sabias y no emocionales. Con este ejemplo podemos ver que para ser libre de un sufrimiento innecesario producido por no estar físicamente en forma, una persona sufre, pero es un tipo de sufrimiento que lleva a la victoria y finalmente acaba con el sufrimiento.

Sufrimiento correcto y sufrimiento equivocado

Y no sólo esto, sino que también nos gloriamos en las tribulaciones, sabiendo que la tribulación produce paciencia (perseverancia); y la paciencia, carácter probado (integridad y fe), y el carácter probado esperanza; y la esperanza no desilusiona, porque el amor de Dios ha sido derramado en nuestros corazones por medio del Espíritu Santo que nos fue dado.

Romanos 5:3-5

Debido a tener la mente mal enfocada, mucha gente no disfruta el gozo de vivir. En estos pasajes encontramos que debemos elegir por fe estar gozosos mientras estamos en un período de difícil transición, sabiendo que porque Dios nos ama, hasta el "sufrimiento correcto" llegará a su fin; en este caso, a la madurez del carácter. La madurez siempre incluye estabilidad. Sin estabilidad nunca podemos experimentar realmente la paz y el gozo. Existe un "sufrimiento correcto" y un "sufrimiento incorrecto". El apóstol Pedro alienta a la gente de su época a estar seguros de que si sufrían, era por hacer bien las cosas. En 1 Pedro 3:14, destaca: *Pero si sufrís por causa de la justicia, dichosos sois (bendecidos).*

En el versículo dieciséis nos exhorta a vivir de tal manera que estemos seguros de que nuestra conciencia está enteramente clara y en el versículo diecisiete, dice: *Pues es mejor padecer por hacer el bien, si así es la voluntad de Dios, que por hacer el mal.*

Este es un área importante debido a que mucha gente nunca experimenta el gozo de la libertad porque tiene la mente mal enfocada en relación con el sufrimiento. En algún momento de su vida cristiana, habrá oído que Jesús quiere liberarlo del sufrimiento, y es verdad; Él lo hace. Sin embargo, hay una transición; y la transición nunca es fácil.

Al trabajo de parto más difícil se lo conoce como "transición". Yo viví una vida de sufrimiento durante treinta y tres años. Cuando finalmente descubrí que Jesús quería liberarme del sufrimiento, entré en la transición. Estaba siendo cambiada, transformada a la idea original que Él tenía para mí antes que el mundo me estropeara. Sufrí algunos años más, pero de distinta manera. No era un sufrimiento inútil sino un sufrimiento que producía esperanza ya que vi los cambios durante el período de transición. No siempre fueron cambios grandes, pero el Señor siempre me ayudó para no darme por vencida. Justo cuando creía que no podría tolerar más el dolor, Él me bendecía de manera especial dándome a entender que Él estaba conmigo todo el tiempo, cuidando de mí.

El fuego purificador

¿Pero quién podrá soportar el día de su venida? ¿Y quién podrá mantenerse en pie cuando Él aparezca? Porque Él es como fuego de fundidor y como jabón de lavanderos. Y Él se sentará como fundidor y purificador de plata, y purificará a los hijos de Leví y los acrisolará como a oro y como a plata, y serán los que presenten ofrendas en justicia al Señor.

Malaquías 3:2-3

Estos versículos tienen un significado especial y nos dan un gran consuelo. Voy a contar una historia que escuché una vez que echa luz a este pasaje. En Europa, un hombre fue al negocio de un orfebre a comprar algunas cosas. En todo el rato que estuvo en el negocio, no vio al dueño del negocio. Al finalizar sus compras, buscó al propietario y vio que al fondo había una puerta que daba al exterior. Al parase en el umbral, vio al dueño (un refinador) sentado ante una gran vasija de la cual no sacaba los ojos de encima, a pesar de que el cliente trataba de hablarle acerca de la compra de cierta mercancía. El cliente le preguntó si no podía dejar de hacer lo que estaba haciendo y entrar al negocio para ocuparse de la transacción.

—No —dijo el refinador. Explicó que no podía dejar el metal en el recipiente ni siquiera por un minuto—. Es muy importante que este metal, que es oro, no se endurezca hasta que se le vayan todas las impurezas. Quiero que sea oro puro. Si el fuego es demasiado caliente, lo estropea y si el fuego se enfría, el oro se endurece con las impurezas adheridas —le aclaró que no lo dejaría, que ni siquiera le sacaría los ojos de encima. Que se quedaría ahí sentado hasta que terminara por completo. El cliente le preguntó cuánto tiempo se demoraría.

—Sabré que está listo cuando mi imagen se refleje con nitidez en el metal.

Para mí, esta es una hermosa historia porque me da a entender que Dios siempre está cuidando de mí y guardándome de las tribulaciones que me salen al paso para estar seguro de que no sean muy intensas. Pero Él también se asegura de que haya bastante presión como para seguir obrando en mí.

En 1 Corintios 10:13 Pablo dice que Dios no dejará que soportemos más de lo que podemos y que con cada tentación nos dará la salida. Podemos confiar en que Dios no espera que suframos más de lo que podemos tolerar. Créame, Dios sabe mejor que usted lo que puede soportar. Confíe en Él y Él lo llevará por el proceso de purificación hasta que salga como oro puro.

Siga avanzando hacia la meta

No que ya lo haya alcanzado (este ideal), o que ya haya llegado a ser perfecto, sino que sigo adelante, a fin de poder alcanzar aquello para lo cual también fui alcanzado por Cristo Jesús.

Filipenses 3:12

En sus escritos, Pablo compara la vida cristiana a una carrera (1 Corintios 9:24-27). Confíe en el Señor que Él lo llevará hasta la línea final. Decídase a seguir y a apropiarse de aquello que Cristo tiene para usted. Él lo tomó para salvarlo. Su salvación incluye varias cosas, no sólo una casa en el cielo cuando muera. Su salvación eterna empezó el día en que nació de nuevo, y nunca terminará. Dios lo tomó a usted para restituirle lo que el enemigo le robó, pero usted tiene que estar decidido a recuperarlo. No sea pasivo y espere que la victoria le venga sola. Vendrá por la gracia de Dios y no por nuestras obras, pero debemos colaborar activamente con el Espíritu Santo a cada paso del camino. En el libro *The Great Lover's Manifesto*, Dave Grant señala que nunca crecemos cuando las cosas son fáciles. Los seres humanos somos haraganes por naturaleza y buscamos el camino fácil, pero en realidad, necesitamos cierta tensión para crecer. No vamos a crecer hasta que no estemos de acuerdo en que la lucha nos beneficia y que es buena porque nos mantiene vivos y en marcha. Pablo dice que "sigamos adelante". Eso indica tensión y lucha; indica que la vida cristiana no es fácil.

Grant narra la siguiente historia en su libro: "se puso cierta cantidad de abejas en el espacio para analizar cómo reaccionaban a la ingravidez. En la atmósfera sin gravedad podían flotar sin ningún esfuerzo. El experimento quedó reducido de la siguiente manera: *Disfrutaron el paseo al espacio, pero murieron* (énfasis mío)1.[1] Estoy de acuerdo con el señor Grant, ciento por ciento, quien agrega que raramente *nos lanzamos* a algo que valga la pena.

¡Agárrese fuerte en tiempos difíciles!

Aunque la higuera no eche brotes, ni haya fruto en las viñas, aunque falte el producto del olivo, y los campos no produzcan alimento; aunque falten las ovejas del aprisco, y no haya vacas en los establos, con todo yo me alegraré en el Señor, me regocijaré en el Dios de mi salvación. El Señor

---

1.   *Great Lover's Manifesto,*1986, Harvest House Publishers, Eugene, Oregon, p.13.

es mi fortaleza; Él ha hecho mis pies como los de las ciervas, y por las alturas me hace caminar.

Habacuc 3:17-19

Habacuc, el profeta del Antiguo Testamento habla de tiempos difíciles, a los que denomina "las alturas", declarando que Dios le ha dado pies de cierva para escalar esas alturas. En caso que usted no conozca la cierva, es una especie de venado muy ágil para ascender montañas. Puede escalar empinadas montañas sin ninguna dificultad, saltando de un arrecife a otro con gran facilidad. Esta es la voluntad de Dios para nosotros, que cuando vengan tiempos difíciles, no temamos en absoluto, no nos asustemos. Para vencer verdaderamente debemos crecer hasta el punto en que no temamos los tiempos difíciles sino que sean un desafío para nosotros. Algunas versiones se refieren a "las alturas" como "problemas, sufrimiento o responsabilidades" debido a que durante estos tiempos es cuando crecemos.

Si usted mira hacia atrás en su vida, verá que nunca creció durante épocas fáciles; usted creció en tiempos difíciles. Durante los tiempos fáciles puede disfrutar lo que ganó en las épocas difíciles. Este es un principio en la vida; así funciona. Usted trabaja toda la semana, recibe su pago y disfruta el fin de semana libre. Hace ejercicios, come bien y se cuida y disfruta de un cuerpo sano. Limpia la casa, el sótano o el garaje y disfruta la pulcritud y limpieza cada vez que está en alguno de esos lugares.

Me acuerdo de Hebreos 12:11... *Al presente ninguna disciplina parece ser causa de gozo, sino de tristeza; sin embargo, a los que han sido ejercitados por medio de ella, les da después fruto apacible de justicia.*

La persona que sirve a Dios por amor obtiene lo que es justo porque es justo. No lo hace por heredar algo bueno aunque al final no le faltará bendición. Trate de ser sano para darle gloria a Dios y, al final, usted disfrutará la gloria.

20

¿Muros o puentes?

Los muros representan protección. Todos tendemos a levantar nuestros propios muros en un intento por protegernos para no ser heridos.

Como ya he mencionado, a pesar de tener un marido excelente, hay momentos en que él me lastima. Me he dado cuenta de que cuando eso sucede, cada vez que mi marido me hiere emocionalmente, yo levanto un muro —espiritual— escondiéndome del lado de adentro y dejándolo a él afuera. Una de las cosas que me ha enseñado el Espíritu Santo es que cuando dejamos a alguien afuera, también nosotros quedamos encerrados. Muchas personas viven aisladas y solas porque han levantado muros para protegerse. Sin embargo, esos muros se convierten en prisiones y quedan atrapados en una soledad amarga y desoladora.

Los muros que nos levantamos son para prevenir el sufrimiento emocional pero no podemos amar a no ser que estemos dispuestos a sufrir. Pasarse la vida evitando el sufrimiento es más doloroso que vivir normalmente y bregar con cada situación que se presente. Jesús es el Sanador y siempre estará dispuesto a ministrarle su consuelo en situaciones dolorosas. Creo que el Señor quiere que lo anime a usted ahora mismo a que dé un paso de fe y tire abajo los muros que se ha levantado. Sólo pensarlo puede ser atemorizador, especialmente si usted ha vivido detrás del muro durante mucho tiempo. Me gusta recordar los muros de Jericó. Hebreos 11:30 dice: que los muros cayeron *por fe*. Tengo que dar un paso de fe cada vez que Jesús me muestra que he levantado un muro. Debo decidirme a poner mi fe en Él como mi protector, en vez de querer protegerme a mí misma.

Hay varios pasajes en la Biblia que nos prometen la protección de Dios. Isaías 60:18 es un versículo que me ha ministrado. *No se oirá hablar más de violencia en tu tierra, ni de desolación, ni de destrucción dentro de tus límites, sino que llamarás a tus murallas salvación y a tus puertas alabanza.* Lo que me dice este versículo es que la salvación a través de Jesucristo es una pared de protección alrededor de mí. Desde el momento en que soy suya, Él se encarga de protegerme. Sin embargo, para poder activar las bendiciones en mi vida, debo creer que Él me está vigilando. Mientras rechace la protección del Señor tratando de cuidarme a mí misma, seguiré siendo desgraciada y viviendo en esclavitud.

Otra escritura maravillosa sobre el tema de la protección de Dios se encuentra en Isaías 30:18: *Por tanto el Señor espera para tener piedad de vosotros y por eso se levantará para tener compasión de vosotros. Porque el Señor es un Dios de justicia ¡cuán bienaventurados (felices, afortunados) son todos los que en Él esperan!*

Un cuidadoso estudio nos muestra que Dios es Aquel que literalmente espera la oportunidad de ser bueno con nosotros, de brindar justicia a nuestra situación. Sin embargo, Él lo hará con aquellos que esperan que Él lo haga. Deje ya el trabajo de "autoprotección" y empiece a esperar que sea Dios quien lo proteja.

Deje que Dios sea Dios.

A medida que entre en este campo por fe, no le prometo que nunca lo vayan a herir pero sí puedo prometerle que Dios es un Dios de justicia", lo que significa que, a su debido tiempo, Él pondrá todo en su lugar y lo recompensará por haber escogido hacer las cosas a su manera.

Cualquier persona que escoja tratar con sus problemas y situaciones que lo lastiman a la manera de Dios, está destinado a grandes cosas.

> *Tal como está escrito: por causa tuya somos puestos a muerte todo el día; somos considerados como ovejas para el matadero. Pero en todas estas cosas somos más que vencedores por medio de aquel que nos amó.*

Romanos 8:36-37

¿Cómo podemos ser más que vencedores y a la misma vez ser considerados como ovejas para el matadero? La respuesta es sencilla: Cuando parece que se están aprovechando de nosotros, y que el Señor no viene a ayudarnos, somos más que vencedores porque en "medio del problema" nosotros sabemos que nuestro Dios nunca nos abandonará y que en el momento preciso tendremos nuestro auxilio y recompensa.

Puentes en lugar de muros

Yo aprendí a construir puentes en lugar de muros.

Un día, mientras estaba orando, el Espíritu Santo me mostró que mi vida se había convertido en un puente para que otros pasaran por encima y encontraran su lugar en Dios. Por muchos años, levanté solamente muros en mi vida, pero ahora, donde antes había muros, hay puentes. Todas las dificultades e injusticias que me sucedieron se convirtieron en carreteras por donde pueden pasar otros y encontrar la misma libertad que yo encontré. Como declaré en el primer capítulo de este libro, Dios no hace acepción de personas (Hechos 10:34). Lo que Él ha hecho por uno lo hará por otro, siempre y cuando se sigan sus preceptos. Si usted sigue los preceptos delineados en estas páginas, encontrará la misma libertad que yo encontré. Entonces, se convertirá en un puente para que los demás pasen por encima, en vez de ser una pared que los deja afuera. En Hebreos 5:9 Jesús se refiere a sí mismo en relación a nosotros como "el autor de eterna salvación". Él nos abrió el camino a Dios. Él se hizo autopista para que pasemos por encima. Es como si ante un bosque inmenso, Él fuese abriéndose camino delante de nosotros para que nosotros pasemos sin tener que luchar con los elementos o la espesura de la selva. Él se sacrificó por nosotros y luego de habernos beneficiado con su sacrificio, nos da la oportunidad de sacrificarnos por otros para que ellos puedan cosechar los mismos beneficios que disfrutamos nosotros.

Hebreos 12:2 dice que Jesús soportó la cruz por el gozo de obtener el premio que tenía delante. Me gusta recordarme a mí misma cuando el camino parecía difícil. Me digo a mí misma: "sigue adelante, Joyce, hay gozo un poco más adelante". Tome la decisión de derribar los muros y construir puentes. Hay muchísima gente perdida en una maraña que necesita alguien que vaya adelante y le muestre el camino. ¿Por qué no ser esa persona?

¿Muros o puentes? La elección es suya.

Belleza en lugar de ceniza

El espíritu del Señor está sobre mí, porque me ha ungido el Señor para traer buenas nuevas a los afligidos; me ha enviado para vendar a los quebrantados de corazón, para proclamar libertad (física y espiritual) a los cautivos y liberación a los prisioneros; para proclamar el año favorable del Señor, y el día de venganza de nuestro Dios, para consolar a todos los que lloran, para conceder que a los que lloran en Sion se les dé diadema (corona de gloria) en vez de ceniza, aceite de alegría en vez de luto, manto de alabanza en vez de espíritu abatido; para que sean llamados robles de justi-cia, plantío del Señor, para que Él sea glorificado.

Isaías 61:1-3

El Señor no sólo quiere derribar los muros y construir puentes, sino que en Isaías 61:3 él dice que quiere darnos "gloria en lugar de ceniza".

Las promesas de Isaías 61 son ricas y plenas. Léalas y tome la decisión de no perderse ni una sola. Yo estaré de acuerdo con usted al orar por cada persona que lea este libro para que herede esas promesas.

Dios ha hecho su parte al darnos a Jesús. Yo he hecho mi parte actuando en la Palabra y logrando la libertad y escribiendo luego el libro para ayudarlo a que usted haga lo mismo. Ahora bien, usted haga su parte tomando la decisión de no darse nunca por vencido hasta que haya dejado que Dios:

Vende sus heridas;

Sane su corazón quebrantado;

Lo libere en todas las áreas de su vida;

Abra las puertas de sus prisiones;

Le dé gozo en lugar de luto,

manto de alabanza en vez de

un espíritu abatido

y

belleza en lugar de ceniza.

Conclusión milagrosa

Al leer de nuevo el manuscrito, Dios me movilizó de una manera maravillosa trayendo liberación y sanando la relación entre mi padre y yo. No creo que sea accidental que la conclusión aparezca a tiempo como para incorporarla al libro.

Aunque perdoné a mi padre, nuestra relación era tensa e incómoda. Él nunca había podido aceptar totalmente la responsabilidad por sus acciones y asumir cuán devastadora fue su conducta para mí. Con el correr de los años, hice lo mejor que pude para mantener algún tipo de relación con mis padres, lo que era un constante desafío.

En dos ocasiones traté de tocar el tema con mi padre y mi madre, pero ninguno de estos esfuerzos tuvo éxito. En ambas ocasiones hubo mucha ira, enojo y culpa, sin llegar a ninguna conclusión. Finalmente, se abrió la puerta y Dios trabajó en secreto, detrás del telón, a pesar de que aparentemente nada pudiera cambiar.

El año pasado, Dios estuvo tratando regularmente conmigo sobre el mandamiento bíblico de "honrar a tu padre y a tu madre" (Éxodo 20:12). Debo ser honesta y decir que, a pesar de que quería y estaba dispuesta a hacerlo, estaba confundida y no sabía cómo hacerlo. Los visitaba, los llamaba por teléfono, oraba por ellos y les llevaba regalos, pero el Señor me seguía diciendo: "honra a tu padre y a tu madre". Sabía que él me estaba mostrando algo, pero no me daba cuenta qué era. Finalmente, una tarde en que escuché "honra a tu padre y a tu madre", le dije al Señor que había intentado todo lo que sabía y qué más quería Él que hiciera. Lo escuché decirme: "hónralos en tu corazón", a lo que respondí: "¿por qué debo honrarlos?" Él me mostró que podía honrarlos y agradecerles en mi corazón el haberme dado la vida, haberme alimentado y vestido y por haberme mandado a la escuela.

Había estado "haciendo" cosas externas pero Dios mira el corazón. Me resultó difícil sentir agradecimiento cuando todo lo que recordaba era dolor, pero después de un año de escuchar lo mismo de parte del Señor, sabía que era importante e hice lo que me dijo.

Oré: "Gracias Dios por mis padres y porque me dieron la vida física. Ellos me trajeron al mundo, me dieron de comer, me vistieron y me mandaron al colegio y los honro por haberlo hecho". Entendí claramente lo que Dios me estaba diciendo y en ese momento verdaderamente agradecí el papel que representaron mis padres en mi vida.

Una semana después se suscitó un tema concerniente a nuestro nuevo programa nacional televisivo "Life In The Word". Me enteré de que los miembros de mi familia habían visto el programa y urgían a mis padres a verlo. Mis padres me preguntaron en qué canal estaba el programa y me di cuenta de que tenía que decirles que iba a mencionar el abuso infantil porque Dios me había llamado a ayudar a la gente que había sido maltratada. No me podía imaginar qué hubiese pasado si ponían el programa y me escuchaban diciendo: "Vengo de una familia que abusó de mí". No quería herirlos. Me sentía mal, pero ¿qué podía hacer? La gente se identificaba conmigo con facilidad justamente porque hablaba de mi pasado abiertamente. Oré mucho y luego convoqué una reunión familiar con mi marido y mis hijos. Aunque el que mis padres se enteraran ponía en peligro lo poquito que quedaba de nuestra relación, decidimos que tenía que hacer la voluntad de Dios para mi vida. Fuimos a visitarlos y les dije la verdad, que no lo hacía para lastimarlos pero que no tenía otra opción si quería ayudar a la gente que Dios me había mandado ayudar.

¡Vi el poder milagroso de Dios en acción!

Mis padres escucharon sentados con toda calma. No hubo enojo, no hubo acusaciones, nadie escapó de la verdad. Luego mi padre nos dijo a Dave y a mí cuánto lamentaba haberme hecho lo que me hizo. Dijo que Dios sabía que lo sentía y que si hubiese alguna forma de volver atrás, lo haría. Me dijo que no se podía controlar y evitar hacerme lo que me hacía. Me dijo que habían abusado de él de niño y hacía conmigo lo que había aprendido hasta que se acostumbró a ello. Luego me dijo que había visto varios programas acerca del abuso sexual y que había tomado conciencia de lo devastador que es para una persona. Me dio la libertad de contar lo que fuera necesario y que no me preocupara por nada. Dijo que quería construir una relación conmigo en la que fuera mi padre y mi amigo. Mi madre, por supuesto, estaba sumamente gozosa de pensar que iba a tener una relación normal con su hija, sus nietos y sus biznietos.

Dave le dijo a papá que ese era uno de los días más grandiosos de su vida. En cuanto a mí, todavía me estoy pinchando para ver si estoy soñando o esto es verdad.

¡Dios es fiel! Sueñe a lo grande y ¡nunca pierda la esperanza!

Bibliografía

Backus, William, Ph.D. *Telling Each Other the Truth – The Art of True Communication.* Bethany House Publishers, Minneapolis. Minnesota, 1985.

Backus, William and Chapian, Marie. *Telling Yourself the Truth.* Bethany House Publishers, Minneapolis, Minnesota, 1980.

Beattie, Melody. *Co-dependent No More – How to Stop Controlling Others and Start Caring for Yourself.* Harper & Row, Publishers, Inc., New York, Nueva York, por un convenio con la Fundación Hazelden, 1987.

Carlson, David E. *Counseling and Self-Esteem.* Word, Inc., Waco, Texas, 1988.

Carter, Les. *Putting the Past Behind – Biblical Solutions to Your Unmet Needs.* Moddy Press, Chicago, Illinois, 1989.

Galloway, Dale E. *Confidence Without Conceit.* Fleming H. Revell Company, Old Tappan, Nueva Jersey, 1989.

Grant, Dave E. *The Great Lover's Manifesto.* Harvest House Publishers, Eugene, Oregon, 1986.

Hart. Dr. Archibald D. *Healing Life's Hidden Addictions – Overcoming the Closet Compulsions That Waste Your Time and*

Control Your Life. Vine books, una división de Servant Publications, Ann Arbor, Michigan, 1990.

Holley, Debbie. "The Trickle-Down Theory of Conditional Love," "The Trickle-Down Theory of Incondicional Love." St. Louis, Missouri.

LaHaye, Tim. *Spirit-Controlled Temperament.* Post Inc., © LaMesa, California, Tyndale House Publishers, Inc., Wheaton, Illinois, 1966.

Littauer, Florence. *Discovering the Real You by Uncovering the Roots of Your Personality Tree.* Word Books, Waco, Texas,1986.

McGinnis, Alan Loy. *Confidence - How To Succeed at Being Yourself.* Augsburg Publishing House, Minneapolis, Minnesota, 1987.

Saunders Molly. *Bulimia. Help Me, Lord!* Destiny Image Publishers, Shippensburg, Pennsylvania, 1988.

Solomon, Charles R., Ed.D *The Ins and Outs of Rejection.* Heritage House Publications, Littleton, Colorado, 1976.

Sumrall, Lester. *Overcoming Compulsive Desires - How To Find Lasting Freedom.* Creation House, Lake Mary, Florida, 1990.

Walters, Richard P., Ph.D. *Counseling for Problems of Self-Control.* Word, Inc., Waco, Texas, 1987.

Webster's II New Riverside University Dictionary. Houghton Mifflin Company, Boston, Massachusetts, 1984.

Acerca de la autora

Joyce Meyer ha estado enseñando la palabra de Dios desde 1976 y de lleno en el ministerio desde 1980. Como pastora asociada en Life Christian Center en St. Louis, Missouri, desarrolló, coordinó y enseñó una reunión semanal llamada "Life In The Word" (Vida en la Palabra). Después de cinco años, Dios la llevó a término, dirigiendo a Joyce a establecer su propio ministerio, llamado "Corporación Vida en la Palabra" (Life In The Word, Inc.)

El programa radial se escucha en más de 250 estaciones en los Estados Unidos. El programa de televisión de media hora "Vida en la Palabra con Joyce Meyer" comenzó en 1993 y se emite en todo el país y algunos países extranjeros. Sus clase grabadas son usadas internacionalmente. Viaja extensamente, conduciendo las conferencias de "Vida en la Palabra" y dando charlas en diferentes iglesias locales.

Joyce y su esposo Dave, administrador general de "Vida en la Palabra" hace treinta años que están casados y tienen cuatro hijos. Tres de ellos están casados y el menor vive con ellos en Fenton, un suburbio de St. Louis, Missouri.

Joyce cree que su llamado es a establecer a los creyentes en la Palabra de Dios. Ella dice que "Jesús murió para liberar a los cautivos y que muy pocos cristianos tienen victoria en sus vidas cotidianas". Por haber vivido en esa misma situación durante muchos años y por haber encontrado libertad para vivir en victoria aplicando la palabra de Dios, Joyce está capacitada para ayudar a liberar a los cautivos y para cambiar y encontrar "Belleza en lugar de ceniza".

Para ponerse en contacto con la autora escriba a:
Joyce Meyer
Life In The Word, Inc.
P.O.Box 655
Fenton, Missouri 63026
Teléfono (314) 349-0303

Envíe su testimonio o una nota sobre la ayuda recibida de este libro.
Sus pedidos de oración son bienvenidos.

Libros publicados por
Editorial Carisma
de Joyce meyer

550095 Espera un mover de Dios... repentinamente
550096 Hazlo con temor: Obedeciendo a Dios a
      pesar del miedo
550097 La decisión más importante nunca antes hecha
550098 Sanidad para el corazón herido
550099 Belleza en lugar de ceniza
550100 El campo de batalla de la mente

Solicítelos en su librería cristiana favorita